나로 살기에 아직 늦지 않았다

한 그루의 나무가 모여 푸른 숲을 이루듯이
청림의 책들은 삶을 풍요롭게 합니다.

나로 살기에 아직 늦지 않았다

융과 함께
다시 시작하는
인생 수업

최광현
지음

추수밭

나이가 들면
괜찮아질 줄 알았다.
복잡하게만 보였던 인생이
쉬워지고,
꼬여 있던 관계도
조금은 풀릴 것 같았다.

Berthe Morisot,
‹Woman at her Toilette›

Édouard Manet, ‹A Bar at the Folies-Bergère›

쉼 없이 치이고 괴롭던 '나 없는 인생'을
이제 내 것으로 돌려놓을 수 있을 것이라 생각했다.

Claude Monet, ‹Tempête, côtes de Belle-Île›

하지만 한치 앞도 알 수 없을 정도로
변해가는 세상과 몰아치는 환경 속에서
인생의 더 큰 혼란이 시작됨을 느꼈다.

나로 살기엔,
이제 정말로 늦은 것일까?

Vilhelm Hammershøi,
‹Interior with Young Woman Seen from the Back›

그러나 동틀 때보다 해질 무렵에 태양이 더 밝게 타오르듯이,
황혼에 이르러 내 안에서 피어난 불은 상처를 보석으로 바꾸는 연금술이었다.

Thomas Moran, ‹Pueblo at Sunset›

Carl Gustav Jung

카를 융은 이렇게 말했다.
"진짜 인생은 마흔에 시작된다.
그 전까지는 다만 '연구'일 뿐이다."

이제 삶에 대한 연구를 그만두고,
진짜 나다운 삶을 시작할 때이다.

Claude Monet,
‹*Woman with a Paraso*›

프롤로그

나는 내 삶에 실망하면서도
실망하지 않는다

제2차 세계대전이 한창일 때였다. 카를 융과 그의 가족은 당시 스위스인 대부분이 그랬듯 공포와 두려움 속에 숨죽여 살아야 했다. 독일군 때문에 외부 세계와 철저하게 차단된 상태에서 융은 만에 하나 있을 적들의 공격에 대비하기 위해 긴장 속에 지내야 했다.

융은 당시 중년에서 노년으로 접어들고 있었고 자녀부터 손주들에 이르는 대가족의 족장 역할을 하고 있었다. 대도시 취리히에서 살던 융은 시골에 집 하나를 얻고 가족 모두를 그곳으로 피신시켰다. 스위스 밖에 있던 많은 지인들이 미국으로 건너와 편하게 살자고 권하였지만, 그는 차마 가족들을 두고 떠날 수 없었다. 세계 곳곳에서도 융에게 이런저런 도움을 주겠다며 연락이 왔지만, 정작 그에게 가장 필요한 것은 석탄과 식료품이었고, 당시에는 전쟁 중에 이런 필수품이 우편으로 배달될 수 없었다.

그토록 비참하고 암담한 상황이었지만, 융은 가족과 함께 정말 오랜만에 오붓한 시간을 보낼 수 있음에 오히려 기뻐했다. 생활에 필요한 농산물을 가족과 함께 재배하며 예전에는 느끼지 못했던 편안함을 느꼈다. 가족들도 너무 바쁘기만 했던 남편·아버지·할아버지를 이제야 되찾은 심정이었다. 융은 전쟁이라는 환란과 고통, 긴장 속에서도 누구도 침범할 수 없는 내면의 '고요함'을 느끼는 법을 배웠다.

인생은 두 갈래의 길을 통합하는 과정이다

인생을 살아가면서 우리는 수없이 많은 고비를 마주한다. 그러다 그 모든 삶의 고통이 어떤 의미였는지 음미할 여유도 갖지 못한 채 어느덧 중년의 나이에 이른다. 평생 의사이자 상담가로서 인간 심리를 연구해온 융도 정작 자신의 인생을 돌볼 여유는 없었고, 극한의 위기를 마주하고서야 그의 '반대급부'에 있는 선물을 얻게 되었다.

융은 노년에 이르러 그의 자서전 《기억, 꿈, 사상》을 집필한다. 이 책의 마지막 글에서 그는 인생에 대해 "의미가 있기도 하고 없기도 하다"며, 인생은 "의미를 가지기도 하고, 가지지 않기도 하다"라고 썼다. 그는 마치 선문답과 같은 아리송한 말을 남기며 자신이 살아온 삶을 이렇게 설명했다.

나는 내 고집으로 말미암아 일어났던 어리석은 많은 일을 후회한다. 하지만 내가 그런 어리석음을 갖지 않았다면 나의 목표에 이르지 못했을 것이다. 그러므로 나는 실망하면서도 실망하지 않는다.

이 말은 융이 인생의 마지막에 이르러 자신의 연구와 삶의 의미를 종합하며 깨달은 바라 할 수 있다. 주변의 여러 조언을 무시하고 고집을 부리며 해냈던 일에 어리석음과 후회를 느끼지만, 동시에 그 덕분에 자신의 학문적 목표를 달성했다는 뜻이다. 인생을 살아가며 수없이 경험하는 실수와 실패는 우리에게 후회와 반성을 불러일으키지만, 그 덕분에 우리는 예기치 못했던 인생의 선물을 받기도 한다. 인생은 한 방향의 직선을 향해 쭉 달려가지 않으며, 언제나 상반된 두 측면을 품고 있다.

'인생에 양면성이 있다'는 말은 우리 조상들이 의심없이 품었던 생각과도 닮아 있다. 인생을 새옹지마塞翁之馬로 바라보는 시선과도 비슷하다. 영원한 실패도, 영원한 행운도 없다. 길함과 흉함이 끊임없이 교차되어 나타나는 것이 우리 모두가 겪는 인생의 모양이다.

융은 그의 심리학의 핵심인 '자기실현'에 도달한 인물로 노자를 꼽았다. 노자는 《도덕경》 제58장에서 이렇게 말한다.

화는 복이 기대는 바이고, 복은 화가 숨어 있는 바이다.
그 끝이 어디인지 누가 알겠는가?
바른 것도 기이한 것으로 바뀌고, 선한 것도 괴이한 것으로 바뀐다.

화가 복으로 변하고, 복이 화로 변하는 순환의 원리는 아무도 모르지만, 그것은 우리 삶에서 아주 쉽게 발견된다. 서로 반대되는 요소는 마치 짝처럼 균형을 이루고, 서로 없어서는 안 되며, 계속해서 위치를 바꾸며 움직인다. 인생에서 대극(마음속에서 서로 대립하는 성질이 만들어내는 에너지)이 큰 사람일수록 불안, 두려움, 성취, 기쁨, 감사 등의 감정을 섬세하게 느낄 기회를 얻는다. 어린 시절의 불행은 대극을 이루기 위한 준비이자 신호일 수 있다. 어떤 분야에서든지 성공하는 사람은 대개 어린 시절에 불행을 경험했을 가능성이 크다.

대극은 서로 상반된 요소들의 차이 속에서 만들어지고 그 거리가 멀수록 강한 에너지를 끌어모은다. 고기압과 저기압이라는 상반된 힘이 '번개'라는 자연의 극적인 힘으로 나타나듯이, 삶에 찾아오는 행운이나 불운은 인생의 대극을 만드는 데 중요하게 작용한다. 행운과 불운이 만든 눈앞의 상황에 매몰되기보다는, 이것을 대극으로 만들고 앞으로 나아가려는 사람이 다가올 모든 변화에 대비할 수 있다.

새로운 나를 찾아야 할 시기에
융이 선물하는 '대극의 심리학'

《나로 살기에 아직 늦지 않았다》를 쓰며 나는 새로운 자기실현을 앞두고 있거나 인생의 변화가 필요함을 느끼고 있는 모든 사람을 위한 융의 위로와 선물, 지혜를 담고자 했다. 특히 융이 중년의 시기에 반드시 마주해야 할 인생의 테마로 강조했던 '대극'과 '변화'와 관련한 아포리즘을 바탕으로 썼다. 필자는 오랫동안 심리학자이자 가족상담 전문가로 활동하면서 사랑과 미움, 신뢰와 불신, 열정과 냉정이 뒤엉킨 가족 구성원들 간의 복잡하고 내밀한 관계를 들여다보았고, 그로부터 융 심리학이야말로 우리의 내면과 외면, 나와 인간관계, 그리고 불행과 행복이 교차되는 인생 전체를 내다볼 수 있는 통찰의 심리학이라는 것을 알 수 있었다. 그동안 중년과 노년을 대상으로 처방했던 융 심리학의 핵심적인 메시지에 나의 오랜 상담 사례와 일상의 성찰을 덧대어 총 4장의 구성에 담아냈다.

1장에서는 내 안에 있던 '다른 나'가 어떻게 중년의 시기에 발현되는지 '그림자', '페르소나', '아니마·아니무스' 등의 개념과 함께 소개한다. 내 안의 어른과 아이, 빛과 그림자, 여성성과 남성성이 중년에 이르러 충돌한다는 것을 보여주고 이를 어떻게 통합하고 보듬어나가야 할지 알려준다.

2장에서는 우리의 일상과 인간관계 속에서 나타나는 대극의 원리를 소개한다. 내 안의 감추고 싶었던 모습을 타인에게 투사함으로써 일어나는 여러 가지 갈등을 어떻게 협력과 화해로 풀어나가야 할지 다양한 사례를 들어가며 알려준다.

3장에서는 우리의 인생을 좌지우지하는 무의식과 집단 무의식의 힘을 소개한다. 꿈이나 환상을 통해 보이는 다양한 신화적 상징들이 무의식의 원형임을 일러주며, 이것이 우리 삶에 어떤 힌트를 제공하는지 풀어낸다.

4장에서는 중년이야말로 '두 번째 인생(변화)'을 시작할 기회가 된다는 것을 '연금술'과 '에난치오드로미아' 등 융 심리학의 주요 키워드와 함께 풀어낸다.

이 책과 함께 우리 앞에 시시각각으로 찾아오는 모든 것을 어떤 일의 결과로만 보지 않고, 언제든지 변화할 수 있는 과정으로 받아들일 때, 융이 우리에게 말하고자 했던 삶의 의미에 다가갈 수 있을 것이다.

한편에서는 생명이 탄생하고, 다른 한편에서는 죽음이 이어지는 세상에서 우리 인생은 한 치 앞도 예측할 수 없는 새옹지마처럼 굴러간다. 그만큼 우리 앞에 놓인 것은 확실성이 아닌 불확실성이다. 그렇지만 이 말은 지금 내가 겪는 인생이 언제든지 변화하고 성장할 수 있음을 의미한다.

대극을 지님으로써 우리는 자신을 인간다운 삶으로 드러낼 수 있다.

_카를 융,《무의식의 심리학》

Rembrandt, ‹Philosopher in Meditation›

차례

프롤로그　나는 내 삶에 실망하면서도 실망하지 않는다　　*18*

1장

내 안에 '다른 나'가 있었다

- 마흔쯤 되자 내면이 소용돌이치기 시작했다　　*32*
- 사랑과 미움은 하나다　　*38*
- 내 안에는 아이와 어른이 공존한다　　*44*
- 빛이 밝아지면 그림자도 커진다　　*50*
- 먼저 내 안의 이중성을 인정하라　　*57*
- 그림자와 대면해야 진짜 내가 보인다　　*63*
- 마흔에 이르러 여자는 남자가, 남자는 여자가 된다　　*68*
- 건강한 남성은 여성적, 건강한 여성은 남성적이다　　*74*
- 가면에 삼켜지지 않도록 조심하라　　*79*
- 버림받음은 새로운 나를 발견할 기회이다　　*85*
- 자아 팽창은 비극으로 끝난다　　*92*

2장

나는 타인에게서 나를 본다

- 영원한 원수도, 영원한 친구도 없다 — *100*
- 열등감을 외면하지 말고 지혜롭게 다루어라 — *106*
- 사람은 이럴 수도 있고 저럴 수도 있다 — *113*
- 갈등을 화해로 바꾸는 감정이입의 지혜 — *119*
- 타인에게서 나의 그림자를 발견했을 때 — *124*
- 나를 향한 경멸이 타인을 향한 경멸을 만든다 — *129*
- 콤플렉스를 알려면 불만을 탐색하라 — *133*
- 그리스인의 창의성에는 곤경이 필요했다 — *138*
- 문화와 시대를 움직이는 원형의 힘 — *143*
- 질서와 무질서의 대극이 변화를 촉진한다 — *148*

3장

무의식은 삶의 비밀을 알고 있다

- 누구나 마음속에 원시인이 있다 — 154
- 우리는 인생의 주인이 아니다 — 159
- 무의식은 삶의 균형을 요구한다 — 165
- 중년에는 무의식의 반격이 시작된다 — 169
- 신화는 의인화된 무의식이다 — 175
- 신화는 가장 오래된 치유 방법이다 — 181
- 집단 무의식이 우리의 삶을 움직인다 — 187
- 무의식과 대면하면 자기실현이 이루어진다 — 193
- 세상은 우리도 모르게 하나로 연결되어 있다 — 198

4장

두 번째 인생의 시작

- 내리막길을 경험해야 나의 한계를 안다　　204
- 혼란스러울 때 비로소 자기실현이 시작된다　　210
- 가지고 있는 것을 버리면 받으리라　　216
- 갑작스러운 방향 전환의 시기가 온다　　223
- 강점은 약점이 되고, 약점은 강점이 된다　　228
- 변화가 없이는 자기실현에 도달할 수 없다　　233
- 극심한 고통 가운데 치유가 있다　　239
- 중년에게 최고의 미덕은 자기 성찰이다　　243
- 내 안의 동물적 본성을 인정하라　　247
- 고난은 반드시 기쁨으로 변한다　　253

에필로그　나의 운명은 내 것도, 네 것도 아니다　　260

1장

내 안에 '다른 나'가 있었다

마흔쯤 되자
내면이 소용돌이치기 시작했다

> 마흔쯤 되면, 자연히 자아의 목표가 약해지고 인생 자체를 성취하는 것이 중요해진다.
> 그리고 다른 원칙이 시작된다.
>
> _카를 융, 《니체의 차라투스트라》

카를 융의 성격유형 이론을 바탕으로 만든 MBTI 유행이 끊이지 않고 있다. 매일 방영되는 TV 드라마에서도 상대 배역을 향해 'T형(사고형)'이라느니 'F형(감정형)'이라느니 옥신각신하는 내용이 나올 정도다. 한국은 MBTI 이전에도 혈액형으로 성격을 확인하려는 몇 안 되는 나라 중 하나였다. 그 정도로 한국인들은 성격유형에 관심이 많다.

그러나 한 사람의 성격을 단 하나의 특성만으로 규정하는 MBTI에는 많은 한계가 있다. 융의 성격유형 이론에서는 외부로 드러나는 의식적 성격뿐만 아니라 내면의 무의식 성격까지 중요하게 다룬다. 우리 외부와 내면에 있는 성격은 서로 유사하지 않고, 반드시 서로 대립적이다. 어떤 사람의 외부 성격이 활발(외향성)하다면 내면 성격은 조용(내향성)하다. 반면에 외부 성격이 조용(내향성)하다면 내면 성격은 활발(외향성)하다.

융의 성격유형에 숨겨진 원리

융은 암을 비롯한 심각한 질병에 자주 걸리는 성격유형이 무엇일 것 같냐고 질문한다. 대부분 내향성 성격유형의 사람일 것 같다고 대답한다. 조용한 사람들이 스트레스에 취약하고, 좀 더 심각한 질병에 걸릴 것 같다고 많이들 생각한다. 하지만 융은 실제로는 정반대라고 말한다. 질병에 걸리는 사람 대부분은 외향성 성격유형이다. 활발한 성격의 사람은 겉으로는 적극적이고 개방적이지만, 속으로는 내향성을 지니기에 자기 몸 상태나 심리, 정서에 둔감하다는 뜻이다. 그래서 질병이 심각하게 전이된 후에야 병원을 찾을 가능성이 크다. 반면 내향성 사람은 겉으로는 조용해도 속으로는 외향성을 갖기에 자신의 몸 상태를 더 잘 알아채고, 작은 질병에도 민감하게 반응해서 병원을 찾을 가능성이 크다. 따라서 조용한 성격의 사람들이 심각한 질병을 예방하는 데는 오히려 더 적극적일 수 있다.

이처럼 우리 외부와 내면에 자리 잡은 성격유형은 일관되지 않고 오히려 서로 상반되는 특성을 갖는다. 이러한 특성은 사실 성격만이 아닌 우리 정신과 삶의 다양한 영역에 적용된다.

중년이 되어
더 큰 혼란이 시작되었다

융 심리학을 한마디로 정리하자면 '대극의 심리학'이다. 대극의 심리학은 인간 정신 안에서 서로 상반되는 요소들이 대립하거나 협력하는 과정을 살핀다. 이러한 대극 법칙은 마음과 행동에 갖가지 모순을 일으키고 끊임없는 변화를 추구하게 만든다. 그래서 융 심리학은 다른 말로 하자면 '변화의 심리학'이다.

마흔을 넘긴 사람들에게는 외부와 내면에 다양한 동요와 혼란이 일어난다. 물론 평온하고 안정된 바다로 순항하는 듯 보이는 중년들도 있다. 하지만 대부분의 중년은 20~30대에 살아온 방식 그대로 40대를 맞이하기에, 자신 안에서 일어나는 여러 모순에 직면한다. 성실하고 열심히 살아왔을 뿐인데 젊은 세대와의 경쟁에서 밀리거나, 빠르게 변화하는 주변 환경에 적응하기 힘들어하며 다른 사람과 소통할 때도 어려움을 호소한다.

나는 중년이 본격적으로 시작되는 마흔 이후로는 변화가 선택이 아닌 필수이자 생존 그 자체라고 말하고 싶다. 언뜻 보기에는 중년의 위기가 경제적·사회적인 위치의 변화와 맞물려 일어난 문제로 보인다. 그러나 이러한 환경적 요인보다 근본적인 문제가 있다. 바로 자기 내면에서 올라오는 문제이다. 그동안 자신이 가족과 학교, 직장 등 외부 세계와 어떤 관계를 맺어왔는지, 내면 세계는 어떻게 관리되었는지 돌이켜보는 작업이 필요하다. 이는 자신 안에서 일어날 변화를 준비하기 위해 반드시 이루어야 할 작업이다.

변화에 어떻게 대응하느냐에
중년의 모든 것이 달려 있다

어린 시절과 청년기를 거치면서 중년에는 나만의 방식과 사고 그리고 틀이 분명해진다. 식당이나 회의실에 처음 들어갈 때는 그냥 아무 데나 앉지만, 다음에 올 때는 이전에 앉았던 자리로 가듯, 중년이 되면 수없이 많은 관성적 행동이 일정한 생활 패턴과 삶의 방식으로 집약되어 하나의 세계관으로까지 굳어진다. 중년의 위기는 이러한 습관과 연결된 좀 더 구조적인 문제일 수 있다. 당장 어떻게든 상황을 모면하거나 회피할 순 있지만, 일시적인 대응으로는 해결이 어려울 수 있다.

마흔 이후 왠지 일이 잘 안 풀리고, 단순해 보이던 문제도 복잡하게 꼬이면서, 인생이 힘들다고 느껴진다면 주변 환경이나 일하는 능력의 문제만이 아닌, 변화에 적응하고 도전하는 대응력이 부족했을 수 있다. 20~30대에는 장점으로 보였던 순종적이고 성실한 태도가 중년에는 우유부단하고 무책임하게 보이기도 한다.

    중년의 삶과 관계 안에서 잘 적응하기 위해서는 끊임없는 변화가 필요하다. 30대 중반까지 적용되었던 삶의 방식은 이제 소용이 없고 새로운 방식을 개발해야 한다. 중년에는 모든 것이 자신에게 요구되는 외부적·내면적 변화에 어떻게 대응하는지에 달려 있다.

정신은 역동적인 표현일 뿐만 아니라 동시에 하나의 갈등이다.
이 갈등은 꼭 필요하다.
갈등이 없으면 정신의 역동적 표현이 불가능하다.

_카를 융, 《니체의 차라투스트라》

Vincent van Gogh, ‹Olive Trees›

사랑과 미움은
하나다

생명을 (더욱) 생기 있게 하는 것의 이름이 역易(변화)이다.
_《주역》

당신은 오직 하나만 보고 다른 하나는 보지 않는다.
그러나 하나가 있을 때 거기에는 반드시 다른 하나가 있다.
_카를 융, 《레드북》

나는 부부나 가족 구성원 간에 발생하는 문제를 다루는 가족치료사로 활동해왔다. 상담 현장에서 만나는 이들 중 가장 내면의 갈등을 많이 겪는 사람은 '애증의 딜레마'에 빠진 사람이다. 보통 마음속에 미운 상대가 있는 사람은 단순히 미움 때문에 힘들어하지 않는다. 너무 싫은 사람이지만 동시에 그를 사랑할 때 가장 힘들어 한다. 이것 역시 '대극의 문제'이다. 사랑과 미움의 감정이 동시에 솟구칠 때 고통은 배가 된다. 특정 대상과 깊은 관계가 없어서 단순히 미워하는 감정만 느낄 때는 사실 그렇게 힘들지 않다. 결국 우리가 겪는 정신적 고통의 가장 밑바닥에는 대극의 원리가 있다. 이 대극을 통합시키고 하나로 만드는 것이 카를 융의 '정신의 연금술'이다.

관계 속에서 살아가는 우리는 수많은 긴장과 갈등을 겪는다. 꼭 사람과 싸우는 형태가 아니더라도, 갈등은 내 안에서부터 빗발친다. 떼려야 뗄 수 없는 가족들부터 친구들을 사귀고 직장을 다니며 사랑하는 사람을 만나고 또 다른 가족을 이루기까지, 이 모든 과정에서 사랑과 미움이라는 대극은 끊임없이 서로 부딪치며 긴장을 유발한다. 우리는 이 대극의 감정 가운데서 반드시 한 가지를 선택해야 하고, 다른 한 가지는 버려야 한다. 선택받지 못한 감정 또는 에너지는 불만을 만들고 이것은 다시금 상대 감정을 제압하고 싶어 하는 원동력이 된다. 두 개의 대극이 만들어내는 변화는 한 번으로 끝나지 않고 우리의 일생에서 지속적이며 항구적이다.

대극은 동서양을 관통하는
인생의 원리다

융은 '전쟁의 가장 큰 원인은 평화'라고 말했다. 모든 사람이 평화를 소망하는 듯하지만, 꼭 그렇지만은 않다. 평화를 간절히 원하는 사람의 내면은 평화가 아닌 전쟁통을 겪을 가능성이 크다.

평화가 공기처럼 당연한 일상이 된 사람에게 평화는 그다지 고맙지 않다. 제1차 세계대전이 발발했을 당시 수많은 젊은이는 마치 모험을 떠나는 듯 흥겨워하며 전쟁에 참여했다.

우리 인간은 아무리 평화가 소중하고 좋다고 해도 오래 지속되면 지루해한다. 그렇다고 당장 전쟁을 바라는 마음은 아니지만, 무언가 살갗으로 느낄 만한 변화를 바란다. 끝끝내 변화의 바람직한 길을 찾지 못할 때, 전쟁까지 불사한다. 이처럼 변화는 좋든 싫든 우리가 평생 마주해야 하는 인간 삶의 중요한 과제 중 하나이다.

우리는 정신뿐만 아니라 삶의 다른 영역에서 벌어지는 대극과 그로 인해 발생하는 변화를 아주 쉽게 발견할 수 있다. 이 부분을 인식한 사람들이 고대 동양인, 즉 중국인이었다. 그들은 자연과 인간사회를 관찰하여 '음'과 '양'이라는 세계관을 만들어냈다. 음과 양은 동전의 앞뒷면처럼 하나인 동시에 둘인 세계의 원리를 말한다.

중국인들은 천하 만물이 음과 양의 원리에 의해 작동된다고 보았다. 우리를 둘러싼 우주와 자연환경은 하늘과 땅, 햇볕과 그늘처럼 서로 대칭된 요소들로 구성된다. 당연히 동양적 사고 안에서 대극은 물이 아래로 흘러가듯이 자연스러운 현상이다.

융이 고독하게 연구한
심리학의 지혜

융은 고대 그리스 철학자 헤라클레이토스, 기독교의 소수 분파인 영지주의, 중세 유럽의 연금술 등을 추적하며 서양의 지성사가 잃어버린 대극적 세계관을 고독하게 연구했다. 그는 동양철학을 배우지 않았지만 그와 비슷한 세계관을 독자적인 연구를 통해 얻었다. 인간 정신에 대한 탐구로부터 시작된 그의 연구는 만물의 대극적 원리를 깨우치는 데까지 나아갔다.

융의 대극적 세계관이 동양적 사고와 매우 유사하다는 사실은 나에게 매우 흥미롭게 다가온다. 과학기술의 모든 분야에서 서양이 동양을 압도하여 기존의 동양적 질서가 붕괴하고 동양적 세계관은 마치 구시대의 유물처럼 여겨져 창고로 들어갈 신세가 되어버렸을 때, 융은 서양의 정신 속에서 동양의 정신 속 가치를 발견했다. 이러한 연구의 궤적을 볼 때, 융은 단순한 심리학자를 넘어선다. 그가 무수히 많은 책에서 남긴 말은 인간 내면과 외부의 세계관을 이끌어주는 마치 현자와 같은 역할을 한다.

융은 온갖 내면의 갈등과 위기를 겪는 사람들에게 인류 사상의 전통에 입각하여 가장 긴급한 지혜를 선사할 수 있는 사람이다.

무표정은
비참함의 표상이다

중년의 한국 남성들에게는 전형적인 표정이 있다. 그것은 놀랍게도 무표정이다. 그들은 어느 순간부터 감정을 표출하지 못하고, 표정을 잃어버렸다. 이런 남성들은 일에 열중하느라 가족들과 제대로 된 대화를 하지 못한다. 매일 숨 쉴 틈 없이 바쁘게 살아가느라 자신이 위기에 처했다는 사실조차 자각하지 못한다. 무표정은 자각하지 못한 고통의 표현이다. 생생한 자신의 감정을 억누르고 살아가야 한다는 비참함의 표상이다.

융은 우리에게 삶의 대극이 만들어내는 변화에 어떻게 대응해야 할지 연금술의 심리학으로 보여준다. 연금술의 심리학은 삶의 의미와 방향을 잘 정립하여 진정한 자신의 표정을 찾을 수 있도록 돕는 중년의 안내서와 같은 역할을 할 것이다.

자연은 조화로울 뿐만 아니라
무서울 정도로 모순적이고 혼란스럽기도 하다.

_카를 융, 《기억, 꿈, 사상》

J. M. W. Turner, ‹Calais Pier›

내 안에는
아이와 어른이 공존한다

> 파우스트와 메피스토펠레스의 이원성은
> 함께 나 자신 속에 들어와
> 하나의 사람이 되었고 내가 바로 그 사람이었다.
>
> _카를 융, 《기억, 꿈, 사상》

 누구나 어린 시절, 어른이 된 자신을 상상하거나 꿈꾸곤 한다. 이것은 단순한 망상이 아닌 장차 어떤 인생을 살아갈지를 결정할 나침판과 같다. 어린아이가 아는 세상은 대단히 작고 좁으며, 그 시각은 대단히 한정된다. 따라서 미래를 상상하는 일은 어린아이에겐 마치 인생의 시나리오를 짜는 일처럼 중요하다. 시나리오처럼 되든지, 아닌지와는 별개로 망상은 앞으로의 인생에서 세계관 같은 역할을 한다.
 카를 융 역시 어린 시절에 미래를 상상하곤 했다. 어렸던 융에게 결정적 영향을 미쳤던 존재는 '파우스트'다. 융은 어린 시절 아버지 서재에 꽂힌 괴테의 《파우스트》에 빠져들었다. 그곳에서 선과 악, 정신과 물질, 빛과 어둠처럼 대립하는 문제에 오랫동안 관심을 가졌다.

《파우스트》는 독일어권에서 셰익스피어와 비견되는 요한 볼프강 폰 괴테의 대표작이다. 이 희곡의 주인공 이름이 '파우스트'다. 파우스트는 학문과 지식을 깊이 탐구했지만, 삶의 진정한 의미를 찾지 못하고 절망하는 늙은 학자이다. 그런 파우스트를 꾀는 '메피스토펠레스'라는 악마가 나온다. 악마는 파우스트가 절망하는 틈을 타 그의 영혼을 차지하려고 한다. 그는 파우스트에게 지식과 현세적인 쾌락과 만족을 제공하는 대신, 파우스트의 영혼을 가져가기로 계약한다. 이후 파우스트는 권력, 명예로 다양한 욕망을 채우지만, 진정한 만족을 얻지 못한다. 메피스토펠레스는 계약대로 파우스트의 영혼을 차지하려 하지만, 파우스트의 끊임없는 노력과 순수한 소녀 그레트헨의 도움으로 결국 구원받게 된다.

선과 악의 극복은
정신의 연금술에서 시작된다

정신의 연금술을 연구한 카를 융에게서 연금술은 융과 괴테를 연결하는 매개체였다. 연금술사들은 '물질의 변화' 속에서 '인격의 변화'를 상징적으로 제시한다. 융은 괴테가 연금술 사상에 깊은 영향을 받았다고 말한다. 연금술사들은 교회가 선과 악, 성스러움과 세속을 철저히 구분한 가르침을 벗어나 대극의 합성, 즉 서로 대립하는 모양을 하나로 합쳐 궁극적인 통일을 이루려고 시도했다. 이러한 연금술사들의 노력은 괴테의 《파우스트》 속 주제와도 이어진다고 할 수 있다.

다시 《파우스트》 이야기로 돌아가자. 파우스트와 메피스토펠레스는 계약 관계이지만, 단순한 악마와 인간의 관계를 넘어선다. 메피스토펠레스는 파우스트를 끊임없이 유혹하고 시험하지만, 역설적으로 파우스트가 삶의 가치를 깨닫고 구원에 이르도록 이끈다. 괴테는 메피스토펠레스를 '항상 악을 원하면서도 항상 선을 창조하는 힘의 일부'라고 묘사한다. 메피스토펠레스는 악으로 나타나지만, 파우스트를 구원으로 이끄는 선의 역할도 수행한다. 이는 선과 악이 서로에게 의존하는 관계임을 보여준다. 융은 《파우스트》를 인간정신의 대극성과 그 합일 과정을 상징한다고 이해했다. 《파우스트》에서 이러한 대극을 융합시키려는 융의 생각은 노자 《도덕경》의 사상을 연상케 한다.

유와 무는 서로 그 대립자로부터 생겨나고, 어려움과 쉬움은 서로를 채우고, 길고 짧음은 서로를 분명히 하고, 높음과 낮음은 서로 의논하며, 음과 성은 서로 조화를 이루고, 앞과 뒤는 서로를 따르게 마련이다.

노자는 세상만사에서 나타나는 대극이 단순히 대립만이 아닌 서로 의존하는 관계가 되어 하나로 통합될 수 있음을 말한다.

《파우스트》는 단순히 선과 악의 이야기가 아니다. 파우스트는 쾌락을 위해 영혼을 팔았지만, 만족감을 얻지 못하고, 삶의 의미와 더욱 멀어짐을 경험한다. 그럼에도 포기하지 않고 구원을 얻기 위해 애쓰고, 결국은 구원에 도달한다.

융은 《파우스트》를 접하고 괴테가 선과 악이라는 대극을 극복하는 정신의 연금술에 도달했다고 이해했다.

**'유치함'과
'필레몬'의 합일**

융은 파우스트처럼 자기 안에 대극적인 두 개의 인격이 있다고 고백했다. 하나는 인간의 본능적 욕망에 속하는 '유치함'이었고(융은 평생 '유치함'과 싸웠다고 노년에 말했다), 다른 하나는 상징적 원형인 '필레몬'이었다. 필레몬은 융에게 현자이며 지혜로운 노인과 같은 인격을 의미했다. 융이 고등학생이던 열다섯 살 무렵, 친구들이 융에게 애어른 같다며 붙여준 별명이 '아브라함 총대주교'였다. 융의 친구들은 융 안에 지혜로운 노인의 인격이 있음을 간파한 것이다. 융에게 놓인 인생 과제는 '유치함'으로 표현되는 미성숙한 자신과 '필레몬'으로 표현되는 지혜로운 대극적 인격을 어떻게 하나로 조회시킬지였다. 이는 파우스트가 극단적 대립을 극복해야 했던 과제와 비슷하다.

융은 선과 악의 대립적 갈등 속에서 고뇌하던 파우스트와 자신을 동일시했다. 융은 파우스트가 악마의 유혹에 넘어가 깊은 고통을 겪지만 결국 악마의 손길에서 벗어나 구원을 얻은 모습에서 대극을 극복하고, 합일을 이뤘다고 보았다.

파우스트의 극적인 성공은 우리에게도 의미 있는 메시지를 전달한다. 대극으로 인한 고통, 대극을 융합해야 하는 과제는 파우스트나 융만이 아닌 우리 모두의 과제이다. 중년에는 특히 이러한 대극의 융합이 더욱 필요한 시기다. 고통스런 상황에 놓였을 때, 극복하기 위해서는 이러한 정신이 필요하다. 파우스트와 융이 도달했던 대극을 극복하는 여정은 중년에게도 할 수 있다는 희망을 안겨준다.

세상에 존재하는 모든 덕목은 그 반대되는 것으로 인해 타당성을 지닌다.
진실은 항상 다른 두 대극적인 쌍으로 이루어져 있고,
누구든 실체와 조화를 이루려면 이 대극을 견뎌내야 한다.

_로버트 존슨, 《당신의 그림자가 울고 있다》

Ary Scheffer, ⟨Faust and Mephistopheles⟩

빛이 밝아지면
그림자도 커진다

―― 사람은 자아의 형상들을 상상함으로써 성숙하는 것이 아니라,
그림자를 의식으로 만듦으로써 성숙한다.
_리하르트 빌헬름, 《연금술 연구》

나는 대학 시절, 학교에서 아주 조용하고 자기주장을 잘 못하는 내성적 학생이었다. 하지만 교회 안에서는 대단히 적극적인 성격이었고 레크레이션을 주도할 정도로 학교와는 다른 모습이었다. 당시 나는 학교에서의 내가 진짜인지 아니면, 교회에서의 내가 진짜인지 정체성의 혼란을 느끼기도 했다.

얼마 전, 대학 졸업 39년 만에 대학 동창들과 부부 동반 여행을 갔다. 이야기를 나누는 중에 동기들은 당시 나를 무척 조용하고, 도서관에서만 사는 친구로 기억하고 있었다. 하지만 그것은

친구들이 보았던 나의 일부분일 뿐 전체 모습은 아니었다.

융은 '인간은 언제 어디서나 한결같은 모습을 보일 수 없다'라고 생각했다. 그리고 '인간은 본래 이중인격자'라고 말했다. 만일 한결같은 모습을 보인다면 그것은 안정감과 확고한 정체성을 보여주는 것이 아닌, 오히려 지나치게 지루하고 소진된 모습이라고 인식했다. 왜냐하면 인간은 하나의 모습만을 띨 수가 없기 때문이다.

융은 인간 내면이 의식과 무의식처럼 서로 반대되는 것들로 이루어졌다고 보았다. 그중에서 가장 대표적인 대극적인 요소가 '자아'와 '그림자'이다. 의식하는 나를 대표하는 자아ego와 함께 그 대립선상에 무의식에 있는 나를 대표하는 그림자shadow가 있다. 이 그림자는 없앨 수 없고, 자아와 그림자가 밀물과 썰물처럼 균형을 이루어야만 삶이 건강하고 만족스러워질 수 있다.

모든 소방관은
방화범이 되고 싶어 한다

융은 사람 안에 있는 자아(의식하는 나)와 그림자(무의식 속의 또 다른 나)는 따로따로 있지 않고 서로 연결되어 함께 움직인다고 생각했다. 자아가 커지면 그림자도 그만큼 커지고, 자아가 작아지면 그림자도 함께 작아진다. 시소처럼 한쪽이 올라가면 다른 쪽이 내려가는 방식이 아니라, 두 쪽이 나란히 움직이는 심리 작용 현상이다. 즉 낮이 있으면 밤이 있는 것처럼, 우리 안에도 의식적인 자아와 무의식적인 그림자가 함께 존재하고, 둘은 서로 대립하면서도 동시에 작동한다.

자아가 커질수록 그림자도 같이 커진다는 말은 우리 인간의 본성을 꿰뚫는 의미심장한 통찰이다.

어떤 한 사람이 자아를 잘 발달시키면 이성적이고 합리적이며 도덕적인 모습이 강해진다. 그러면 그만큼 어둡고 충동적이고 본능적인 부분은 제거되거나 극복되었다고 생각하기 쉽다. 그런데 융은 그렇게 보지 않았다. 인간은 어떤 한 가지 특성만으로 지배될 수 있는 존재가 아니라고 생각했다. 밝은 면(빛)이 커진다고 해서 어두운 면(그림자)이 사라지는 것이 아니라, 단지 드러나지 않고 축축하고 어두운 깊은 곳에 숨게 된다는 뜻이다. 문제는 빛이 밝아질수록 그림자도 그만큼 짙어져서, 언젠가 기회를 잡으면 폭발하듯 드러날 수 있다. 그래서 겉으로는 도덕적이고 합리적인 사람이더라도 그 안에 숨은 그림자가 더 큰 위험을 초래할 수 있다.

유럽 속담에 '모든 소방관은 방화범이 되고 싶어 한다'라는 말이 있다. 실제로 상당수의 방화가 소방관에 의해서 일어나기도 한다. 그러한 소방관에게 방화는 자신의 자아와 그림자 사이에 균형을 이루고자 하는 본능적 욕구라고 말할 수 있다.

억압된 그림자의
두 얼굴

우리 안에 억압된 그림자는 보통 두 가지 방식으로 나타난다. 이것은 프로이트가 말한 인간 본성과 연결된다. 하나는 리비도적이고, 다른 하나는 타나토스적이다.

첫째로 리비도는 성적 에너지를 상징하며 한 사람에게서 그림자 인격이 폭발할 때 자주 목격된다. 잘 관리되고 절제된 삶을 살아온 사람이 어느 순간 성적 이슈로 구설수에 오르거나, 평범하고 가정적이었던 사람이 외도로 가정을 위기로 몰아가는 사례가 대표적이다.

둘째로 타나토스는 파괴적 힘을 상징하며 평상시에는 조용하고 남들에게 양보를 잘하는 소위 착한 사람이지만, 운전대만 잡으면 과격하고 폭력적으로 변화하는 모습도 여기에 속한다. 또한 중년에 안정적인 가정을 만들자마자, 갑자기 아무 이유 없이 떠나려고 하거나 이혼해서 그동안 소중히 지켜온 모든 것을 파괴하려는 충동적 욕구도 여기에 속한다.

이처럼 성적인 욕망(리비도)이나 파괴적인 충동(타나토스)이 드러나는 이유는 지나치게 자아 쪽으로 치우쳐 살다 보니, 자신도 모르게 그림자의 힘이 커졌기 때문이다. 여기서 발생하는 심리적 불균형으로 인해 쌓인 긴장과 갈등을 견디지 못하고, 결국 충동적으로 행동하게 되는 것이다.

융은 자아가 강해지면 그만큼 그림자도 강해진다고 말한다. 이 부분에서 우리는 절망하게 된다. 선하게 살려고 노력하면 할수록 역설적으로 그림자가 그만큼 강해져서 우리 내면은 극심한 긴장과 갈등을 낳는다는 뜻이기 때문이다. 몸서리치게 악한 행동을 하는 사람이라도 그의 내면에는 반대로 순수하고 선한 그림자가 생길 수 있다. 겉으로는 잔인하고 잔혹한 범죄를 저지르지만, 동시에 병든 강아지를 보고 깊이 슬퍼하고 마음 아파하는 전혀 다른 모습을 보이기도 한다.

좋음과 나쁨을 넘어, 균형적인 삶을 살라

자아와 그림자의 대극은 어느 하나를 줄일 수도, 제거할 수도 없다. 자연 만물은 수많은 대극 속에서 어느 한 요소가 우세하지 않고 적절한 균형을 이룬다. 마찬가지로 자아와 그림자 사이에서 적절한 균형점을 끊임없이 찾아 살아가는 모습이 중요한 것이다.

새해에는 누구나 변하기로 결심한다. 나도 그랬다. 23년이 넘게 교수 생활을 하면서 자연스럽게 만들어진 안일한 습관과 태도를 바꾸어 새로운 출발을 위한 한 해를 만들고자 다짐했다. 그러기 위해 먼저 안 좋은 행동이나 태도를 바꾸고, 좋은 것은 더욱 더 유지·발전시키려 노력했다. 아마 대부분 이런 과정을 거칠 것이다.

하지만 앞서 말했듯이 좋음과 나쁨이라는 대극을 아예 없앨 수는 없다. 부정적인 측면 뒤에는 긍정적인 측면도 있기 때문에 모든 행동과 태도에 일방적으로 '좋다', '나쁘다'라고 딱지를 붙이기는 어렵다.

그래서 어떤 행동을 완전히 없애거나 반대로 무조건 늘리려고 하기보다는 균형과 조화를 이루는 것이 더 중요하다. 자아와 그림자가 서로 대결하지 않고 균형과 조화를 이룰 때, 행복하고 만족스러운 삶을 살 수 있다. 결국 우리 자신과 삶의 방식에도 이러한 양면성을 인정하고 존중하는 태도가 필요하다.

József Rippl-Rónai, *Woman with a Birdcage*

우리는 삶의 어두운 측면에서 달아날 수 없지만
그것을 현명하게 다룰 수는 있다.

_로버트 존슨, 《당신의 그림자가 울고 있다》

먼저 내 안의 이중성을
인정하라

―― 그림자를 자각하기 위해선 인격의 어두운 측면을 진정으로
현실로 받아들일 수 있어야 한다.

_카를 융, 《아이온》

사람의 마음을 파악하기가 무척 힘들다는 뜻의 속담이 있다.

열 길 물속은 알아도 한 길 사람의 마음속은 모른다.

이 말은 내 마음을 파악하는 데도 적용된다. 다른 사람의 마음을 파악하기가 어렵듯이 자기 자신의 마음도 마찬가지로 파악하기 어렵다. 우리 마음에는 의식이 안 되는 무의식이 있기 때문이다.

고통스러운 내면도
당신이 찾아주기를 기다린다

나이가 중년에 들어서면 별다른 이유 없이 잠을 못 자거나 여기저기 아픈 곳이 생기거나 건강에 지나치게 집착하는 경우가 많다. 또 배우자의 외도나 집안의 파산처럼 끔찍한 생각이 자꾸 떠오르거나, 이유 없는 불안과 공포가 몰려와서 병원을 전전하는 사람들도 있다. 이런 사람들은 그동안 잘 돌보지 않았던 내면을 들여다봐야 한다.

또한 중년기에 접어들면서 갑자기 가까운 사람이나 일에 대해 이유 없이 싫증이 나거나 미워지는데, 이때는 자신 안에 숨은 그림자를 살펴보아야 한다. 겉으로는 여유로워 보이지만 사실 중년은 지루함과 권태, 고갈, 결핍 속에서 마음은 고갈되고 몸은 녹초가 되는 시기이기 때문이다.

이유를 알 수 없는 신경증 같은 문제들은 사실 '정신적 해리'의 결과이다. 자아의식이 커지면 그만큼 그림자도 커진다. 자아의식은 우리의 이성, 논리, 합리성, 과학의 토대가 되는 기능을 수행한다. 그렇기에 자아가 커진다는 말은 그만큼 똑똑하고 지적이고 안정적인 모습을 보인다는 뜻이기도 하다.

그런데 문제는 자아가 커질수록 자기 안에 있는 그림자를 무시하기 쉽다는 점이다. 그림자가 보내는 신호를 외면하다 보면,

결국 자아와 그림자의 연결이 끊어져서 의식과 무의식이 따로 놀게 된다. 이렇게 되면 여러 증상이 외부로 드러난다. 이것이 바로 '정신적 해리'이다. 겉으로 볼 때 마치 이중인격자처럼 보일 수 있다.

사람이 정신적 해리를 겪으면, 마치 지킬 박사와 하이드처럼 서로 다른 두 인격이 따로 작동하는 것처럼 보인다. 이러한 이중성을 다른 사람들은 알아볼 수 있지만, 정작 본인은 전혀 알아차리지 못한다는 것이 문제이다. 이렇게 자아와 그림자의 대극이 커진 사람은 가장 가까운 사람들에게 우울, 불안, 무기력, 강박 등 신경증적 장애를 드러내 보일 수 있다.

문제는 이러한 여러 증상에도 불구하고 많은 환자들이 환경이나 다른 사람을 탓하고 자신을 들여다보지 않게 되면서 심각성을 더욱 키운다는 것이다. 자신에 대한 치료를 거부하고, 별문제 없는 배우자나 가족들을 치료받게 함으로써 문제로부터 회피한다. 자신의 가장 열등한 인격을 살펴보지 않고 그림자를 다른 사람에게 떠넘기며 달아나려고 하는 것이다.

그림자와 함께
살아가는 법

사람이라면 누구나 그림자를 지니고 산다. 그림자는 의식에 가까이 있지만 자아가 미처 알아차리지 못하는 무의식의 일부다. 그것은 우리 안에 있는 열등한 성격을 드러내는데, 그렇다고 없앨 수도 없다. 그림자는 자아가 받아들이지 못하고 무의식 속으로 억압한 성격의 한 부분이다. 그래서 그림자는 자아와 유사하면서도 자아와는 반대되는 특성을 갖는데, 자아가 가장 싫어하는, 부족하고 감추고 싶은 성격을 대표한다고 할 수 있다. 그래서 자아와 그림자는 늘 서로 대립하는 두 극처럼 존재한다.

그림자는 원래 개인 무의식 속에 있지만, 더 크게는 집단 무의식과도 연결될 수 있다. 융은 그림자는 작을 때 다루어야지 계속 억압하면 원형적 힘(인류의 집단 무의식 속에 존재하는 심리적 에너지)이 더해져서 세력이 점점 커지고 결국 자아의식을 위협한다고 말했다. 그림자의 원형적 힘이 비대해진 결과가 심각한 증상들로 나타나는 것이다.

그림자 원형은 가장 강력하면서도 잠재적으로는 해로운 원형이다. 그것은 인류 초기 조상으로부터 간직해온 원시적 동물 본성을 포함하며 가장 어두운 곳까지 뿌리를 내리고 있다. 그림자는 인간 본성의 두 얼굴(선한 국면과 악한 국면)을 모두 포함하므로 특히 문제시되는 원형이다. 자칫 사람이 그림자 원형에 휘말리면, 선과 악의 극단적인 대결 구도에 빠져버린다. 실제로 이런 현상은 중년 개인의 삶뿐만 아니라, 사회 속에서 좌우의 극단적인 진영 논리로 나타나기도 한다.

융은 우리에게 그림자를 없애려 하지 말고, 그림자와 함께 살아가는 법을 배워야 한다고 말했다. 자아와 그림자가 균형을 이루려면, 먼저 자신의 태도를 근본적으로 바꾸는 것이 필요하다.

그동안 나 자신이 싫어하거나 잘 알지 못하거나 애써 외면해왔던 내 안의 어두운 부분(그림자)을 인정하는 자세가 중요하다. 중년에 들어서 이런 무의식의 그림자를 받아들이면, 그림자에서 끌어올린 근원적 에너지와 의식 차원의 인격이 하나로 통합될 수 있다. 자아와 그림자가 서로를 마주보며 끌어안을 수 있을 때 중년의 삶은 비로소 풍요로운 내면세계와 외부세계를 소유하게 된다.

우리가 무의식을 처음 마주할 때 만나는 존재가 그림자인데, 그림자를 알게 되면 정신의 다음 층인 아니마와 아니무스로 옮겨가게 된다. 더 나아가 인간 발달의 최종적 단계인 자기실현 또는 개성화의 여행을 계속해서 진행할 수 있다.

Edvard Munch, ‹Anxiety›

개인이 내면에 있는 정반대의 것을 의식하지 못할 때
바깥세상이 그 갈등을 대신 겪으며
상반된 두 개의 반쪽으로 찢기게 된다.

_카를 융, 《아이온》

그림자와 대면해야
진짜 내가 보인다

—— 모든 치료에서 문제는 증상에만 있는 것이 아니라
그 사람 전체에 있다.

_카를 융, 《서한집 1권》

카를 융에게 한 남자가 상담을 받으러 왔다. 신경증으로 고통받던 그는 융의 제자로부터 오랫동안 전문적인 분석을 받았지만, 진전이 없었다. 융은 이 남자의 증상과 오랫동안 받은 분석이 아무런 도움이 되지 않은 사실을 이해할 수 없었다. 그래서 그의 현재 생활 방식을 물었다.

융의 노련한 질문으로 그가 어떤 직업도 없이 열심히 일하고 있는 한 여교사에게 의지해서 살고 있다는 사실이 드러났다. 그 교사는 외로움 때문에 어쩔 수 없이 이 남자를 부양했다. 그는 여교사의 외로움을 이용해서 게으르고 쾌락적인 생활을 이어오고 있었다. 융은 그의 무의식을 탐색하기보다 이러한 현실을 직면하도록 했다. 이 남자가 신경증에서 벗어나기 위해서는 불균형한 관계를 바로잡아야 했기 때문이다. 하지만 그는 융의 제안을 거부하고 더 이상 상담실을 방문하지 않았다.

융이 던진 '직면의 과제'는 사실 이 남자에게 가장 필요한 해결책이었다. 하지만 동시에 그것은 가장 피하고 싶고 두려워하던 부분이기도 했다. 아무리 뛰어난 분석가에게 도움을 받아도 아무런 변화가 일어나지 않았던 이유가 분명해 보였다.

그림자에서 내적 황금을 캐어라

상담을 받으러 오는 내담자들 중에는 자신의 밝고 좋은 모습만 보여주면서 회복되기를 바라는 경우가 종종 있다. 하지만 그에게 정말 필요한 것은 그의 가장 어두운 부분을 드러내고 마주하는 일이다. 나는 상담 현장에서 이와 같은 사례를 많이 보았다.

내담자가 가진 어두운 부분을 찾아내서 직면시키면 많은 경우 상담실을 떠나버린다. 이는 그가 살아오면서 반복해온 행동을 상담실에서도 재연하는 것이다. 즉 책임을 자신이 아닌 타인이나 환경에 전가하고, 자신은 아무런 노력이나 변화를 시도하지 않고 단지 해결만을 바란다. 자신에게는 문제가 없고 끝까지 희생자처럼 행동하는 방식이 반복되는 셈이다.

융은 '자기Self'는 마음의 중심, 곧 의식과 무의식을 포함하는 전체로 설명한다. 우리는 평생 동안 자기를 인정하고 통합하여 '자기실현'이라는 과제를 수행해야 한다. 융에 따르면 자기는 대극들의 긴장을 조정하고 통합하려는 원형적 충동으로 이해될 수 있다. 반면에 자아Ego는 자기의 아주 작은 일부분에 불과하며, 의식적 마음의 중심이다. 자기 안에는 자아만 존재하지 않고, 자아의 대극인 그림자 또한 함께 존재한다.

융은 이렇게 말했다.

> 당신이 가장 두려워하는 것을 찾아라. 진정한 성장은 그 순간부터 시작된다.

자기 안에서 인정하고 싶어 하지 않는 부분은 역설적으로 내면의 황금을 발견케 하는 연금술에서 가장 주목해야 할 부분이다. 값싼 납과 같은 금속을 캐내어 황금으로 전환시키는 것처럼 '정신의 연금술'은 무의식 속의 가장 부끄러운 부분을 의식으로 끄집어내어 삶의 변화를 도모한다.

연금술에서 황금을 만들기 위한 첫 단계는 '흑화Nigredo'이다.

이는 물질을 분해하고 정화하여 불순물을 제거하고 본질을 드러내는 과정이다. 심리학적으로 이 과정은 그림자를 다루는 작업과 같다. 그림자는 정신의 연금술, 즉 심리치료에서 가장 중요한 원재료이다.

마음의 중심인 '자기' 안에는 가장 어두운 면인 그림자가 존재한다. 진정한 성장은 이 그림자를 현실로 받아들이는 데서 시작된다. 그러나 대부분의 사람은 자신의 어두운 면을 인정하는 데 강한 저항을 느낀다. 그렇기 때문에 이 과정을 해내기 위해서는 긴 호흡의 심리치료가 필요하다.

우리 안에
우둔한 거인이 있다

그림자를 이루는 열등하고 어두운 특징들은 특정한 감정과 깊이 연결되어 있다. 감정은 의식적으로 조절할 수 있는 행위가 아니고 그 사람에게서 자연스럽게 일어나는 반응이다. 특히 그림자에 속해 있는 감정은 언제나 개인이 가장 적응력이 약할 때 분출되며, 동시에 왜 적응하지 못하는지를 보여준다. 갑작스럽게 밖으로 드러나는 감정은 열등한 성격의 단면이자 저차원의 인격이 존재한다는 증거다. 감정이 전혀 통제되지 않거나 거의 통제되지 않는 낮은 차원의 인격 상태에 놓이면 사람은 얼마간 원시인처럼 행동한다.

융의 수제자인 폰 프란츠는 민담에 자주 등장하는 우둔하고 멍청한 거인에 대해 설명하며 그가 엄청난 감정 폭발에 사로잡힌 인간의 모습을 상징한다고 말한다. 실제로 주변에서 강한 감정에 사로잡힌 사람을 보면, 평소 유지하던 합리적이고 세련된 이미지는 온데간데없이 거친 막말과 행동만 남는다. 이는 마치 민담에 등장하는 우둔하고 멍청한 거인이 현실에 드러난 듯한 모습이다. 결국 감정에 스스로를 내맡기면서 감정의 희생자가 되고, 올바른 판단을 하지 못하는 사람처럼 처신하게 되는 것이다.

이 과정은 자신의 삶은 물론이고 다른 사람의 삶까지 엉망으로 만든다. 더 큰 문제는 비극이 바로 자기 내면에서 비롯되고 있다는 사실을 모른 채 무의식적으로 그 상황을 더욱 키워간다는 점이다. 물론 의도적으로 비극을 키워간다는 뜻은 아니다. 다만 무의식적 작용이 현실을 가리고 왜곡하여, 마치 누에가 고치를 짓듯이 자신을 서서히 감싸버리고 만다. 융의 말처럼, 그렇게 만들어진 고치는 결국 사람을 완전히 가두고 만다.

마흔에 이르러 여자는 남자가, 남자는 여자가 된다

―――― 마흔이 되면 남자는 여자가 되고 여자는 남자가 된다.

_카를 융, 《꿈의 분석》

내적 인격이 무엇을 원하고 무엇을 말하는지 주의를 기울인다면 마음의 고통은 사라진다.

_카를 융, 《기억, 꿈, 사상》

동양사상의 두 대극 음과 양에 따르면, 여자는 음이고 남자는 양이다. 음과 양은 서로 분리될 수 없으며 서로에게 의존한다. 음 안에 양이 있으며, 양 안에 음이 있다. 아무리 강한 양이라도 그 안에 음의 요소가 존재하고 아무리 깊은 음이라도 그 안에는 양의 요소가 있다.

음과 양이 서로 안에 내재된 것처럼, 카를 융은 남성에게 있는 여성 인격을 아니마anima, 여성 안에 있는 남성 인격을 아니무스animus라고 불렀다. 이 아니마와 아니무스는 단순한 상상이나 성격의 한 부분이 아니라, 인류가 공통으로 가진 집단 무의식의 원형(보편적인 심리 구조) 가운데 하나라고 융은 설명했다.

아니마와 아니무스라는 원형은 아주 오랜 세월 동안 남자와 여자가 함께 살아오면서, 서로의 성격을 조금씩 받아들이는 과정 속에서 만들어졌다고 볼 수 있다. 이런 원형들 덕분에 우리는 어느 정도 다른 이성을 이해할 수 있다. 남성과 여성의 무의식 속 반대 성 인격, 즉 아니마와 아니무스는 중년기부터 본격적으로 영향을 발휘하기 시작한다.

중년의 위기는
어디에서 오는가

나는 40대 후반에 자주 우울하고, 감정 기복이 심해지면서 작은 자극에도 화를 내고 쉽게 복수하고 싶은 욕구에 시달렸다. 이러한 상태가 길어지니 당연히 가족들이 제일 힘들어했고, 가르치던 제자들이 나를 어려워하고 조심해야 할 인물로 여겼다. 이런 상태가 계속 굳어졌다면 부정적 아니마의 인격이 나의 중년의 모습으로 자리 잡았을 것이다. 생각만 해도 두려운 일이다. 나는 다행히도 나에게 밀려오는 아니마의 기분과 감정이 자연스러운 중년기의 과제임을 깨달았다. 그래서 내 안에 있는 아니마의 부분들을 나의 일상에서 받아들이려고 애를 썼다. 예전에는 '남자답지 않다'라는 이유로 숨겼던 컵과 접시를 좋아하는 취미를 드러내놓고 즐겼다. 요리와 커피 추출, 제빵 같은 일을 하면서 아내와 아들이 즐거움을 느끼도록 했다. 내 안에 있는 여성성이 더 이상 숨지 않고 나의 일상에서 드러나도록 존중하고 격려하느라 애를 썼다. 이것은 나에게 중년의 위기를 평안함에 가깝게 이끌었다. 일상 속에서 긴장과 갈등을 일으키던 부정적 아니마의 일부분을 내 일상의 작은 행복으로 바꾸는 경험을 했다.

아니마와 아니무스는 인간 정신의 대극을 설명하는 중요한 이론이다. 융은 아니마와 아니무스를 인간의 기본적 원형, 집단 무의식에 속한다고 봤다.

우리가 생명력과 활력을 가진 건강한 삶을 살아가려면 아니마·아니무스와 적당히 조화와 균형을 유지해야 한다. 무의식에 있는 반대 성 인격을 수용하거나 발달시키지 않으면, 오히려 무의식의 노예가 된다. 부정적으로 변한 아니마와 아니무스 원형에 사로잡히게 되고, 그 결과 고통을 겪게 된다.

예를 들어 융통성 없고 거칠고 공격적이면서 안하무인처럼 행동하거나, 주관적이고 우울하고 작은 자극에도 상처를 받고 무섭게 화를 내고 삐지는 이른바 '꼰대 중년'의 이미지는 전형적으로 부정적인 아니마와 아니무스에 사로잡힌 모습이다.

중년에는 반대 성과
함께 살아야 한다

중년에는 자기 안에 있는 반대 성인 아니마와 아니무스와 어떤 식으로든 관계를 맺어야 한다. 중년까지 대부분 남자와 여자라는 사회적 역할에 묶여 살아오면서 내면의 인격인 아니마와 아니무스를 억누르고 살았을 가능성이 크다. 그렇게 여성성과 남성성은 한 사람의 전체 인격에 통합되지 못하고 정체되었을 것이다. 따라서 성호르몬의 변화를 겪는 중년에 남자와 여자는 자기 안에 있는 무의식의 인격인 반대 성을 수용하고 이를 자신의 삶 속에서 자연스럽게 통합하는 자세가 필요하다. 그러면 중년에 어울리는 성숙하고 자유로우면서도 행복한 삶이 가능해진다.

그러나 아니마와 아니무스를 통합하라는 요구를 무시하고 남자는 남자답게만 행동하려고 하거나, 여자는 여자답게 살려고 한다면 중년기에 찾아온 자기 성장의 에너지를 부정적인 삶의 에너지로 바꾸어 놓게 된다.

여성에게 있는 아니무스를 삶 속에 제대로 받아들이고 통합하지 못하면 부정적인 아니무스가 되어 그녀를 사로잡게 된다. 이때의 아니무스는 둔하고, 융통성이 없고, 인과론적·도덕적 판단을 내리고, 거칠고, 상당히 공격적 성향을 보인다. 이와 같은 남성적인 면은 내부 깊숙한 성격에 강한 영향을 미치는데, 무의식에서

의식 밖으로 뛰쳐나와 다른 사람과의 관계에 직접 영향을 미치게 된다. 그 결과 부정적인 아니무스에 사로잡히면 여성이 무의식 속 원시적 갈등에 휘말려 인간관계에서도 큰 어려움을 겪을 수 있다.

마찬가지로 남자가 아니마를 통합하지 못하면 부정적인 아니마에 사로잡히게 된다. 우울하고, 뽀로통하게 잘 토라지고, 열등감을 느끼며, 골을 자주 낸다. 아주 감상적으로 행동하게 된다. 이런 남자는 우울하며, 쉽게 객관성을 잃어버리고, 조그만 마음의 상처에도 위축되어 복수하려고 한다. 아니마의 무기는 기분, 감격성, 독한 말이며 이것으로써 그를 화나게 만든 사람에게 상처를 준다. 부정적 아니마가 다른 사람과의 관계에 작용하면 상황을 과장하고, 상처를 크게 느끼거나 위축되고 보복하게 만든다.

부정적인 아니무스와 아니마에 사로잡힌 중년에게는 대단히 힘든 인생이 펼쳐진다. 가까운 사람들에게서 상처받았다며 그들과 멀어지고, 많은 관계에서 수많은 긴장과 갈등을 경험할 것이다. 어느 날 문득, '내 인생은 왜 이렇게 안 풀리고 힘든 일만 있지?' 하고 한탄하지만, 정작 근본적인 문제는 자기 자신이라는 점을 모른다. 무조건 환경 탓, 남 탓만을 하면서 중년의 소중한 시간을 흘려보내고 있는 것은 아닌지 돌아보아야 할 시점이다.

인간은 남성이나 여성인 동시에 양성적인 존재다.
여성성이 완전히 없는 남자나 남성성이 완전히 없는 여자는
다른 세상에 사는 추상적인 존재일 것이다.
온전한 인간이 되기 위해서는 우리 안의 여성성과 남성성이
서로 조화를 이루어야 한다.

_니콜라이 베르댜예프,《인간의 운명》

Edmund Leighton,《The Shadow》

건강한 남성은 여성적,
건강한 여성은 남성적이다

> 무의식의 이미지를 의식에 전달해주는 것이 바로 아니마다. 이것이 내게는 중요했다. 10년 동안 나는 기분이 언짢고 안정을 잃었다고 느끼면 늘 아니마에게 도움을 청했다. 그러면 무의식에 무엇인가 배열이 되었다.
>
> _카를 융, 《기억, 꿈, 사상》

구로사와 아키라 감독의 영화 〈7인의 사무라이〉에서 산적과 싸움을 준비하는 대장 사무라이는 이렇게 말한다.

가장 안전하다고 믿는 순간, 위험이 닥쳐온다.

왜 안전한 순간, 위험이 닥쳐올까? 안정과 위험은 서로 대극이며 모순이다. 이러한 모순을 고대 동양인들은 음과 양의 개념 속에서 찾았다. 동양철학의 음과 양은 대립이 아닌 서로 대응하는 양극으로 이해된다. 세상은 음과 양 둘로 나뉘지만 음양은 함께해야 비로소 존재할 수 있다. 음과 양은 고정되어 있지 않고 끊임없이 변화하며 서로 전환한다. 음양의 핵심은 변화이며 둘 사이의 조화와 균형이 그것을 존재하게 하는 원리이다.

아니마와 아니무스의 조화가 건강한 삶의 열쇠다

건강한 남성이란 단순히 남성적인 특성만 가진 사람이 아니다. 건강한 여성이란 여성적인 특성만 지닌 사람이 아니다. 오히려 남자에게도 적절한 여성성이 있고, 여자에게도 적절한 남성성이 있을 때 비로소 온전하게 건강한 사람이 된다.

긍정적 아니마는 돌봄, 감정표현, 인내, 무엇보다 따뜻하고 배려하는 자세로 드러난다. 긍정적 아니무스는 강인함, 논리적 사고, 실천하는 추진력, 에너지로 나타난다. 중년에 이르렀을 때 자기 안에 있는 무의식적 인격의 대극을 수용하고 삶 속에 통합하는 사람은 행복한 중년을 보낼 것이다. 그래서 우리는 종종 부드럽고 공감 능력이 뛰어난 중년 남성을 보기도 하고, 추진력과 강한 에너지로 주변 사람들에게 영향을 주는 중년 여성을 만나기도 한다. 우리가 그런 사람들을 부럽게 바라보았다면, 왜 그들이 그런 모습이 될 수 있었는지를 이해하는 것이 변화의 시작이 될 수 있다.

어둠이 없는 빛은
아무 가치가 없다

세상에 존재하는 모든 것은 그 반대로 인해 존재 의미를 가진다. 어두움이 없는 빛은 아무 가치가 없듯 여성성이 없는 남성은 의미가 없다. 진정한 남성성은 자신 안의 여성성을 인정하고 드러낼 때 가치가 있다. 여기서 중요한 것은 균형과 조화이다.

카를 융은 남성의 자기 파괴적인 행동 뒤에는 아니마가 일으키는 불안과 공포가 숨어 있다고 보았다. 자기 내면세계를 돌아보지 않는 남성은 아니마가 만들어내는 부정적이고 불편하며 두려운 환상에 사로잡혀 밤에 잠을 이루지 못하거나, 알 수 없는 불길한 예감에 시달리게 된다. 중년의 남성 중에는 부정적 아니마에 사로잡혀 충동적인 성적 환상에 빠지고, 그 결과 문란한 생활을 하는 경우도 있다. 그러나 남자가 자신의 내면을 들여다보고 아니마의 인격을 존중하려고 한다면, 아니마는 그를 중년에 어울리는 온전한 인격으로 이끄는 긍정적인 안내자 역할을 하게 된다.

아니마와 아니무스는 집단 무의식의 대표적인 원형이면서 동시에 개인 무의식의 내용을 포함한다. 그렇기 때문에 이 둘은 자아가 속한 의식 세계와 내면의 무의식 세계 사이에서 다리 역할을 한다. 융은 아니마와 아니무스의 가장 중요한 역할은 인간 정신의 기본적 대극인 의식과 무의식을 중재하는 것이라고 설명했다. 남자와 여자의 반대 성의 무의식적 인격인 아니마와 아니무스는 중년의 삶을 더 성숙하고 행복한 길로 안내하는 네비게이션 같은 존재이다.

중년의 삶을 유연하게 만드는 방법

융은 기분이 언짢고 초조해지고 알 수 없는 불안감에 시달릴 때마다 자신 안에 있는 아니마에게 도움을 요청했다. 마치 살아 있는 존재처럼 아니마에게 말을 걸었다.

"당신은 지금 무엇을 하고 있습니까? 당신이 무엇을 보는지 나에게도 알려주겠소?"

그는 이렇게 아니마와 대화를 시도하면, 무의식 안에서 무언가 정리되는 느낌이 들었다고 말했다.

아니마, 아니무스와 좋은 관계를 유지하기 위해서는 그 실체를 인정하는 것뿐만 아니라 내면의 친구로 삼아 소통을 유지해야 한다. 내 안에 있는 아니마와 아니무스가 서로 친구가 된다면 이해와 창조성, 합리적·이성적 사고를 선물로 받는다. 이것은 중년의 삶에 꼭 필요하다.

우리가 떠올리는 멋진 중년의 모습이 있다. 오랜 경험에서 나오는 깊이와 성숙함, 여유로움 그리고 상대를 배려하고 공감할 줄 아는 인격이다. 이런 모습은 누구에게나 호감을 주며, 이는 한 사람이 자기 안의 아니마·아니무스를 받아들이고 수용했을 때 드러나는 삶의 태도다. 남성이 여성성을, 여성이 남성성을 수용하면 삶이 더 유연하고 융통성 있게 변한다. 중년에 무의식을 가깝게 접하고, 대면해야 하는 이유가 여기에 있다.

가면에 삼켜지지 않도록
조심하라

> 페르소나는 마치 배우가 무대 위에서 쓰는 가면과 같다.
> 그것은 우리가 사회와 타협하기 위해 만든 허상이다.
> _카를 융, 《분석심리학에 관한 두 편의 에세이》

몇 해 전 이사 가면서 미용실을 옮겨야 했다. 이사 간 동네 미용실에 처음 찾아간 날, 원장님이 새로운 손님인 나의 머리를 다듬다가 "손님, 뭐 하시는 분이에요?"라고 물었다. 나는 그냥 "회사 다녀요"라고 대답했고, 원장님은 나에게 압박 질문을 해왔다.

"손님, 의사·변호사·교수·목사 중에 어떤 직업에 속하세요?"

나는 깜짝 놀랐다. 돌이켜보니 대학에서 '교수 소리'를 들은

지 벌써 20년이 넘었다. 그래서 어느 순간 내 얼굴에도 직업이 만들어내는 어떤 특징이 드러났을 것이다. 아마도 예민한 원장은 그것을 보고 호기심을 참지 못하고 물어본 것 같다.

중년에 이르면 그동안 살아온 삶의 방식이 얼굴과 외모에도 드러난다. 중년은 사회 속에서 맡아온 여러 역할이 완성되는 시기인데, 융의 말로는 이때 페르소나Persona가 완성된다.

페르소나는 융이 말하는 원형 중 하나이며, 개인 무의식과 집단 무의식이 교차되는 지점에 놓여 있다. 융에 따르면 태초에는 무의식만 존재했다. 무의식에서 의식이 만들어지고 그 과정에서 자아가 태어나며 자아는 세상과 관계 맺기 위해 페르소나라는 가면을 쓰고 대응한다.

**사회적 가면과
진짜 나 사이에서**

'페르소나'는 고대 그리스에서 연극에 사용하던 가면을 가리키는 말이다. 관객들은 배우가 쓴 가면을 통해서 배우의 역할을 이해했다. 우리에게도 마치 고대 그리스 배우의 가면과 같은 사회적 가면이 존재한다.

인간은 사회적 존재이기 때문에 자신이 속한 국가, 문화, 사회, 가족 안에서 일정한 규칙과 역할을 공유한다. 그 안에는 수많은 역할의 가면, 페르소나가 생겨나고 우리는 그중 하나를 자신의 사회적 인격으로 삼는다. 페르소나는 사람들과 더불어 살아가기 위한 필수 도구이다.

그러나 모든 사람이 올바른 페르소나를 가지지는 않는다. 사람은 청년기에 페르소나를 형성하고 사회에 적응하는 과정을 거친다. 적응하는 과정에 실패하면 자신의 페르소나를 만들지 못한다. 대표적인 예로 은둔형 외톨이가 있다. 또한 중년 이후에는 퇴직과 같은 변화를 겪으면서, 지금까지 해온 가장이나 직장인 역할을 내려놓고 새로운 페르소나를 형성해야 하는 과제를 맞게 된다.

오늘날 드라마나 영화 배우들은 연기를 잘하기 위해 배역이 마치 원래의 자기인 것처럼 연기한다. 그러기 위해서는 배역과의 동일시가 필요하다. 그러다 촬영하던 드라마가 끝나게 되면 그동안 연기하던 배역에서 벗어나야 한다. 만일 배우가 드라마에서 연기했던 배역에 지나치게 몰두해서 일상을 배역으로 살아간다면, 삶은 위험해지고 무너진다. 그렇기 때문에 '이것은 단지 나의 배역일 뿐 진짜 나 자신이 아니다'라는 인식이 필요하다.

이러한 페르소나에 대한 자세는 우리에게도 똑같이 적용된다. 우리는 살아가면서 많은 역할을 하고 여러 사회적 가면을 사용한다. 융에 따르면 페르소나는 복잡한 현대 생활에 대처하기 위해 유용하고, 때로는 필수적인 도구다. 그러나 페르소나가 매우 해로울 때가 있다. 페르소나가 진정 자신이라고 믿게 되면 그는 단순히 그 역할을 따라하는 것이 아닌 역할 그 자체가 되어 버린다. 그 결과 자아는 특정한 페르소나와 동일시되고, 성격의 다른 측면들은 제대로 발달하지 못한다. 그 사람은 진정한 자신으로부터 소외되어 팽창한 페르소나와 축소된 다른 성격의 국면들 사이에서 긴장하며 심리적 건강이 악화된다.

페르소나와 자신을 동일시, 즉 사회적 가면을 진짜 자기라고 믿어버리는 것은 특히 중년에 가장 피해야 할 과제다. 페르소나는 어디까지나 남에게 보여주기 위한 사회적 가면일 뿐인데 그것을 진짜 자신이라고 믿으면 내면이 경직된다. 특히 중년기 이후에는 직업이 안정기에 들어가기 때문에 페르소나에 익숙해져서 기존의 페르소나에서 조금만이라도 벗어나면 불편함을 느끼고, 점점 유연성과 융통성을 잃게 된다.

융은 특정한 한두 개의 페르소나에 지나치게 사로잡힌 사람은 자신마저 기만하여 거짓된 삶을 산다고 보았다. 건강한 성격이 되려면 과도하게 커진 페르소나를 줄이고, 다른 성격을 더 발달시켜야 한다. 그런 사람은 자신이 사회적 역할을 연기한다는 사실을 알고, 동시에 자기 내면의 본질을 이해한다.

나는 단지 연기하고 있을 뿐이다

융에 따르면, 페르소나는 남에게 보여주기 위한 가면이다. 우리는 사회적 동물이기 때문에 집단과 떨어져서는 존재할 수 없다. 사회에서 살아남기 위해 여기에 대응할 수 있는 가면이 필요하다. 사회적 가면이 세련되고 잘 가공되어 있다면 그만큼 생존 가능성도 커진다.

페르소나와 자신을 지나치게 동일시하면 신경증 같은 증상이 나타날 수 있다. 전체적인 자기와의 균형이 깨지고, 어느 한 부분에만 치우쳐 심리적 조화가 무너지기 때문이다. 페르소나와 자아는 서로 적절한 균형을 이루어야 하는데, 페르소나가 지나치게 팽창하면 두 대극 사이에 균형이 깨어진다. 지나치게 커진 페르소나와 자아 사이의 불균형이 긴장을 만들고, 이러한 긴장을 해소하기 위해 다양한 심리 증상이 나타나는 것이다.

이때 발생하는 중년기 위기 증상인 소외감, 무의미, 지루함, 위축감, 무력감, 고독 등은 위기 상태임을 알리는 신호이자 회복과 치유의 과정으로도 볼 수 있다.

나는 오랫동안 심리상담을 하면서 상담실에 오는 사람들이 대부분 착한 사람이라는 사실을 발견했다. 그런데 착한 사람들이 왜 행복하지 않을까? 대부분의 경우 이들이 '착한아이 콤플렉스'

에 사로잡혔기 때문이다. 어린 시절 부모의 요구와 기대에 맞춰 성격이 형성된 사람들은 자연스럽게 착한아이 페르소나가 만들어진다. 이것을 다른 말로는 '거짓자아'라고 한다. 문제는 어느 순간 이것이 정체성이 된다는 점이다.

때론 싸우고 비판도 할 줄 알아야 하는데, 거짓자아에 갇힌 사람은 그것을 하지 못한다. 결국 비난, 저항도 못하고 무기력하고 힘없는 사람이 되어 생명력과 융통성을 잃어버리게 된다. 거짓자아는 페르소나에 갇혀 진정한 자신을 상실한 우리의 모습이다.

융은 우리에게 페르소나는 필요하지만, 언제든 버릴 수 있어야 한다고 말한다. 건강한 중년의 목표는 커져버린 페르소나를 줄이고, 다양한 페르소나를 개발하는 것이다. 그래서 건강한 사람은 이렇게 생각해야 한다.

'사실 나는 연기하며 살고 있다.'

그리고 이 사실을 스스로 알고 있어야 한다.

버림받음은 새로운 나를
발견할 기회이다

> 대부분의 사람들은 자신에 대해 아주 조금밖에 알지 못하면서 페르소나가 자신이라고 믿다가 결국 신경증 환자가 된다.
>
> _카를 융,《꿈의 분석》

50대 가정주부 미희 씨는 남편과 심각한 갈등을 겪고 있었다. 그녀는 남편의 외도를 지나치게 의심했고, 그 때문에 매일이 지옥 같은 긴장과 갈등으로 이어졌다. 아주 사소한 일도 외도의 증거로 의심하면서 남편을 몰아붙였고, 결국 남편은 수면제나 술 없이는 버티기 힘든 상태가 되었다.

사실 남편은 외도하지 않았고, 객관적으로 의심할 만한 행동을 하지 않았음에도, 미희 씨는 남편을 의심했다. 그녀의 의심은 점점 남편의 일상을 통제하는 행동으로 이어졌다. 그러나 그 통제의 밑바닥에는 남편에게 버림받을지 모른다는 깊은 두려움이 숨어 있었다. 이 문제를 근본적으로 회복하기 위해서는 남편의 행동이 아닌 미희 씨가 자기 내면의 두려움과 마주하는 과정이 필요했다.

미희 씨의 경우처럼 중년에 이른 부부에게서 상대방의 외도를 과도하게 의심해 부부가 갈등을 빚는 경우가 많다. 이러한 경우 갈등의 핵심 주제는 외도 그 자체이기보다는 '버림받음에 대한 두려움'이라 할 수 있다.

버림받음에 대한 두려움은 단순히 개인적인 문제가 아니다. 그것은 인류의 역사 속에서 아주 오랫동안 계속된 문제이며, 카를 융이 말한 집단 무의식의 원형에 속하는 주제다.

'버려짐'의 상처 속에 '새로워짐'이 있다

버림받음은 인간이 겪는 가장 큰 고통을 상징한다. 신화 속 영웅들을 보면, 그들은 언제나 버림받은 존재였다. 미래에 영웅이 될 운명을 타고난 아이는 버림받음으로써 고통에 처하고, 이를 극복해나가면서 영웅으로의 여정을 향한다. 오이디푸스, 헤라클레스, 모세, 현대판 영웅 신화인 스타워즈의 루크 스카이워커, 한국에는 바리데기가 있다. 바리데기는 '버려진 아이'라는 뜻으로 '바리공주'라고도 한다. 그는 무교에서 모든 무당들의 조상으로 받드는 신이자 영웅이다.

버림받음은 누구에게나 위기이며 고통이다. 만약 그 고통을 견디고 고통의 의미를 알아낸다면 성장을 위한 커다란 기회가 된다. 인간에게 가장 고통스러운 경험인 '버림받음'은 고통인 동시에 기회인 셈이다. 고통은 현재의 모습을 그대로 유지할 수 없게 하며, 현재의 삶에 어떤 식으로든 변화를 일으킨다.

버림받음은 집단 무의식에 속하는 원형적 주제이기에 우리의 삶에 큰 영향을 준다. 그러나 이 고통을 통해 자기 내면과 마주하고, 숙고와 반성, 통찰을 얻는다면 사람은 새로운 경험을 하게 된다. 버림받음의 두려움 안에는 동시에 재생을 의미하는 '새로워짐'이라는 대극이 존재한다. 융에게 있어서 새로워짐은 인간 삶의 궁극의 목표인 자기실현과 개성화를 의미한다.

하지만 버림받음의 두려움과 상처를 자기실현의 과정으로 활용하기란 쉬운 일은 아니다. 많은 사람은 버림받을까 두려워서 자신의 상처를 남에게 투사해 책임을 전가하는 방식으로 해결하려고 한다.

예를 들어, 미희 씨는 자신 안에 있는 버림받음의 두려움을 남편에게 투사했다. 그 결과, 그녀는 마치 남편 때문에 고통받는 희생자처럼 느꼈지만, 실제로는 자기 내면에 뿌리를 튼 버림받음이라는 과제로부터 도망친 것이다. 융의 이론에 따르면, 버림받음은 페르소나의 상실과도 연결된다. 즉 사회적 가면이 무너지고 그 속에 감춰진 내면의 상처와 두려움이 드러나는 순간이기도 하다.

중년이 지나면서 노화가 본격화되고, 여성들은 갱년기를 겪으며 폐경과 호르몬 감소 등 각종 변화를 맞이한다. 또 오랫동안 자신의 정체성으로 여겼던 직장에서 퇴직을 맞는 등의 변화를 겪게 되면 페르소나로 인한 내면의 갈등은 더욱 극심해진다.

**자신으로부터
멀어진다는 위험 신호**

융은 페르소나와 자신을 동일시하면 위험하다고 경고했다. 중년기에 이런 동일시가 심각한 문제를 일으킨다고 봤다. 페르소나에 갇히면 자기 마음의 중심으로부터 멀어져가게 되어 자기 자신과의 소외가 일어나게 되고, 의식과 무의식의 단절이 생긴다. 결국 이로 인해 신체적·정신적 문제가 발생한다.

또한 자신을 하나의 페르소나에 가두면 내면 깊은 곳에 억압돼 있던 다른 인격이 불쑥 튀어나온다. 사회에서는 모범적인 사람처럼 보이지만, 집에 들어오면 폭군으로 변해 가족에게 짜증과 분노를 쏟아내는 이중적인 사람이 될 수 있다. 이렇게 집 밖에서의 모습과 집 안에서의 모습이 차이가 날 때 가족들은 그 사람을 '이

중인격자', '나르시시스트'라고 부르며 관계를 멀리하려고 한다. 집 밖과 집 안에서 심한 차이가 발생하는 만큼, 가족 구성원들을 대하는 태도에서도 극심한 차이가 생겨 이로부터 갈등이 발생한다. 그 결과 그에게 우울, 무기력, 불안, 공포, 신체적 쇠약 등 신경증적 증상이 발생하거나, 아니면 그의 가족에게서 이러한 증상이 발생한다. 이 모든 증상은 중년이 마음의 중심인 '자기Self'로부터 멀어지고 있다는 위험 신호인 셈이다.

페르소나를 잃은 중년은 두렵다

버림받음은 그동안 자신을 지탱하던 페르소나를 잃는 상실의 경험을 의미한다. 그동안 유지하던 페르소나와 자신을 강하게 동일시할수록 이 상실을 받아들이기가 더 어렵다. 예를 들어 미영 씨는 착실하고 성실한 가정주부이자 엄마·아내로서의 역할을 충실히 해왔다. 그런데 갱년기를 겪으면서 여성으로서의 기능이 점점 사라진다는 상실감을 느꼈고, 동시에 남편마저 잃을 수도 있다는 두려움과 불안에 사로잡혔다.

미영 씨는 그동안 엄마와 아내의 페르소나를 지나치게 자신으로 받아들여왔다. 그렇기 때문에 남편이 혹시라도 불륜을 저지른다면, 그것은 단순한 배신이 아니라 그녀의 삶 전체를 무너뜨리는 사건이 되어버린다. 그래서 그녀의 불안과 집착은 점점 더 강해질 수밖에 없었다.

미영 씨는 가정주부로서의 자신만을 받아들였고 그로 인해 진짜 자신에게서 멀어졌다. 미영 씨의 버림받음에 대한 강한 두려움과 의부증은 결국 마음의 중심으로 향하게 하려는 무의식의 작업이다.

미영 씨에게는 두 갈래 길이 있는 셈이다. 자기실현과 개성화를 위한 방향으로 향할지, 아니면 심각한 버림받음의 두려움 속에서 자신의 문제를 남편에게 투사해서 남편과 나머지 가족을 괴롭히는 증상으로만 머물지는 오직 미영 씨에게 달려 있다.

Caspar David Friedrich, ‹Wanderer above the Sea of Fog›

남을 아는 사람은 슬기로운 자이지만,
자신을 아는 사람은 더욱 명철함이 있는 자이다.
남을 이기는 사람은 힘이 있는 자이지만,
자신을 이기는 사람은 더욱 강한 자이다.

_노자, 〈도덕경〉

자아 팽창은
비극으로 끝난다

어떤 사람이 자아 팽창을 경험하고 있다면, 그 사람은 거품이 꺼져야만 심리의 균형을 이룰 것이다. 자아 팽창으로 인해 몸의 크기가 커졌다면, 당신은 믿기지 않을 만큼 작게 줄어드는 경험을 해야 한다.

_카를 융,《니체의 차라투스트라》

우리 주변에서 인생의 가장 빛나는 순간에 도달했다가 한순간에 몰락하는 사람들을 자주 볼 수 있다. 우리는 여기서 카를 융이 말한 대극의 반전, 에난치오드로미아 Enantiodromia(한쪽으로 치우친 힘이 그 반대편의 힘을 만들어내는 원리) 현상을 마주하게 된다.

나폴레옹의 전기를 쓴 프랭크 매클린은 나폴레옹의 가장 위대한 승리로 꼽히는 아우스터리츠 전투가 역설적으로 그를 몰락으로 이끌었다고 봤다. 이 전투는 세계 전쟁사에서 알렉산드로스의 가우가멜라 전투, 한니발의 칸나이 전투, 카이사르의 알레시아 전투와 나란히 거론될 만큼 기념비적인 승리였다. 이 전투로 나폴레옹은 진정으로 위대한 지도자임을 확실하게 증명했고, 승리의 소식은 파리 시민들의 열렬한 환영을 받았다.

그러나 나폴레옹은 아우스터리츠 전투에서 승리 후 '냉혹한 전제주의로 돌아갔다'는 말이 나올 정도로 독선적이 되었고 어떤 반대도 다른 의견도 허용하지 않았다. 그 결과, 나폴레옹은 점차 잘못된 길로 들어섰고 결국 파멸로 이어졌다. 위대한 승리였던 아우스터리츠 전투가 역설적으로 그의 몰락의 문을 연 것이다. 물론 이러한 극적인 몰락은 나폴레옹만의 이야기가 아니다.

자아 팽창으로부터
나를 보호하려면

카를 융이라면 나폴레옹이 놀라운 성공 뒤에 남의 말을 듣지 않는 전제 구주처럼 변한 원인을 '자아 팽창'으로 설명할 것이다. 자아 팽창은 한 개인의 자아에서 발생하는 에난치오드로미아 현상이다. 커다란 성공과 행운은 자아 팽창을 일으키는 강력한 요인이며, 심한 경우 망상장애로 나타나기도한다 .

나 역시 비슷한 경험이 있다. 2003년 내가 쓴 책이 베스트셀러에 오르며, 부산시의 원북원 도서로 선정되면서 한 해 동안 뜨거운 관심을 받았다. 어느 행사에서 많은 청중들 앞에 서서 간단한 강연과 소감을 말하고 내려오는데, 아들이 내게 이렇게 말했다.

"아빠, 오늘 너무 잘난 척하는 거 아니야?"

그때 나는 "쓸데없는 소리 하고 있네"라며 대수롭지 않게 넘겼다. 하지만 지금 돌이켜보면, 아들의 말은 뜻밖의 성공에 취해 있던 내게 무심코 던진 자아 팽창에 대한 경고였던 셈이다.

우리 주변에서도 작든지 크든지 성공을 경험한 사람이 갑자기 자신만만해져서 다른 사람들의 눈살을 찌푸리게 하는 일을 종종 발견한다. 이것은 성공이 오히려 독이 되어 성공하지 못했을 때보다 더 위험한 상황을 만들기도 한다.

이러한 문제는 원시부족에서나 고대사회에서도 골칫거리였다. 그래서 그들은 다양한 처방을 고안했다. 예를 들어, 고대 로마에서는 승전을 이루고 개선식을 하는 장군이 자아 팽창에 빠지지 않도록 장치를 마련했다. 개선식 장군이 모는 마차 옆에서 로마인들은 장군의 월계수관을 들어주면서 "당신은 인간일 뿐 신이 아니다"라는 말을 계속 되풀이해서 말했다. 이 말은 승리와 대중의 환호로 가득한 분위기에 서 있는 장군에게는 마치 찬물을 끼얹는 말처럼 들렸을 것이다. 그러나 로마인들은 개선 장군이 지나친 자만에 빠져 신의 분노를 사는 것을 경계했고, 오히려 그를 보호하기 위한 장치로 이런 의식을 마련했다.

북미 인디언 부족에게도 이와 관련된 전통이 있었다. 당시에는 부족 간의 전투가 끊임없이 이어졌고, 전투에서 큰 공을 세운 전사는 부족의 영웅이었다. 보통의 경우라면 열렬한 환영과 대접으로 그의 용맹함을 칭송했을 것 같지만, 실제로는 반대였다. 부족은 그를 부족민들로부터 떨어트려 혼자서 고독하게 몇 주간을 지내게 했다. 이것은 용맹한 전투에서 얻은 성취감과 승리의 기쁨에 도취되어 자아 팽창에 빠지지 않도록 하기 위한 전통이었다. 그것은 단순한 깎아내림이 아닌 보호의 조치였다.

성공 뒤에 찾아오는
자아 팽창의 덫을 조심하라

현대를 살아가는 우리에겐 로마 시대나 북미 인디언 부족처럼 성공 뒤에 따라올 자아 팽창을 경계해주는 장치가 없다.

사실 나는 첫 책이 예상치 못한 큰 성공을 거두면서, 2003년에는 부산시를 비롯한 여러 도시에서 시상을 했다. 그 과정에서 나도 모르게 자아 팽창이 일어났다. 내 안에는 '썼다 하면 뭐든지 베스트셀러를 만들 수 있는 사람'이라는 자만심이 생겼다. 이 자아 팽창이 꺼지기까지 여러 번의 쓰라린 패배를 경험해야 했다.

융의 관점에서 자아 팽창은 원형에 사로잡히는 현상이다. 특히 인간의 무의식에는 영웅 원형이 존재하는데, 영웅 원형과 자신을 동일시하면 자아가 팽창한다. 영웅 원형을 무의식적으로 자신과 일치시키면 무슨 일이든지 할 수 있다는 착각에 빠지게 된다. 그렇게 되면 겸손을 잃고 초심에서 멀어져, 다른 이들의 눈에는 변했다거나 안하무인처럼 비칠 수 있다. 그 끝은 언제나 영웅 신화의 전형적 특징인 시련과 좌절을 겪는 일로 귀결된다.

지나친 성공으로 자아가 팽창하면 전지전능의 존재로 자신을 여기게 된다. 하지만 전지전능한 힘은 신의 영역에 속하는 능력이다. 아무리 큰 성공을 했더라도 인간이 가질 수 없다. 따라서 자신이 신과 같은 존재라는 착각에 빠지게 되는 순간, 위기는 찾아온다.

고대 그리스와 로마인들은 이러한 착각은 신의 분노를 살 수 있다고 두려워하며 자아 팽창을 경계했다. 자신을 전지전능한 존재로 여기면 자아 팽창의 증상이 지나친 교만, 지나친 겸손(비하), 지나친 권력 투쟁과 이기적 행동, 지나친 사랑과 이타적 행위로 나타난다. 자아 팽창을 겪는 사람은 부풀어 오른 자아가 터질 일만 남게 된다. 마치 하늘로 높이 올라간 풍선이 언젠가 터져야 하는 것처럼 자아 팽창의 결과는 쓰라린 고통과 패배, 혼란을 야기한다. 인간의 자아 팽창이야말로 고대 그리스와 로마인들에게는 확실한 신의 분노를 일으키는 문제였다. 그래서 언제나 자아 팽창의 결말은 비극이다.

중년에 사업이나 전문직에서 성공을 거둔 사람들이 겪는 많은 문제 중 하나가 바로 자아 팽창이다. 중년은 사회 초년생과는 달리 성과를 이룰 수 있는 시기이다. 이 시기에 명석한 두뇌와 성실함 그리고 운이 더해져 성공을 거머쥐게 되면 이야기는 단순히 해피엔딩으로 끝나지 않는다.

성공 뒤에 찾아오는 자아 팽창은 한 사람의 인생을 결코 가만두지 않는다. 지나친 자신감, 무엇이든지 성공시킬 수 있다는 전능감은 주변 사람들의 경계심을 불러일으키고, 적을 만들어내고, 조심성을 떨어트려 실수할 가능성을 높인다. 그다음 이야기는 언제나 그렇듯 실패와 좌절이다.

2장

나는 타인에게서 나를 본다

영원한 원수도,
영원한 친구도 없다

> 완전한 생명을 이룬다는 것은 오직 협력 속에서만 가능하다.
> 누구도 혼자서 아무런 도움 없이는 어떤 일 하나도 제대로 이루어낼 수 없다.
> 즉, 무슨 일이건 이러한 협력이 있어야 끝을 맺을 수 있다는 것이다.
>
> _리하르트 빌헬름, 《주역 강의》

나는 어떤 인물을 연구할 때, 그의 사상이나 이론에만 집중하다가 전체 그림을 놓치는 경우가 종종 있다. 그럴 때 그 사람이 살았던 시대적 배경 그리고 경쟁자나 맞서야 했던 대상까지 함께 살펴본다. 그러면, 그 인물이 훨씬 더 분명하게 파악되었다.

즉 사상·개념·인물 연구에서도 대극(반대되는 것, 대비되는 것)을 함께 살펴봐야 전체가 선명하게 드러난다는 말이다. 마찬가지로 어떤 상황이나 사건도 그에 해당하는 대극을 찾아보고, 서로의 관계를 비교하면 훨씬 더 깊이 이해할 수 있다.

동양철학에서 말하는 음과 양처럼, 대극은 단순히 서로 싸우는 대립만이 아니라, 서로 대응하고 보완하면서 하나로 합쳐질 수 있는 양극으로 이해할 수 있다. 융 심리학에서 중요한 핵심은, 인간 정신 안에 있는 여러 대극들이 단순히 갈라져 남는 것이 아니라, 서로 통합되어 더 큰 전체를 이룬다는 것이다. 예를 들어, 남자와 여자를 따로 떼어놓고 보면 서로 반대되는 존재이지만, 남자와 여자가 합쳐질 때 비로소 인간이라는 전체 모습을 볼 수 있는 것처럼 말이다. 대극은 영원히 대립으로만 존재하지 않고 상호보완적인 협력을 내포한다. 카를 융과 프로이트의 관계는 대극을 설명하기 좋은 사례이다. 융과 프로이트도 처음에는 대립 관계였으나 결과적으로 심리학의 발전에 있어서는 서로 협력하는 방향으로 나아갔다.

프로이트와 융,
대립 관계에서 피어난 결과들

융은 스위스의 유명한 부르크횔츨리 병원에서 의사로 일하면서, 환자들의 증상을 관찰하는 가운데 무의식이라는 존재를 발견했다. 그 과정에서 프로이트의 무의식 이론을 접하게 되었고, 자연스럽게 두 사람은 만나게 된다. 프로이트와 융의 관계는 심리적 부자 관계라고 할 만큼 끈끈한 관계가 되었고, 융은 자기의 내밀한 이야기를 프로이트에게 털어놓을 정도로 그를 신뢰했다. 프로이트에게는 호박이 넝쿨 채로 굴러들어온 격이었다. 당시 프로이트의 정신분석 이론은 학계에서 여전히 의심받고 있었는데, 이미 세계적으로 명성을 얻고 있던 젊은 정신과 의사 융이 합류하면서 정신분석학은 훨씬 더 신뢰를 얻을 수 있었기 때문이다. 정신분석학이 학계에서 인정받기를 간절히 바라던 프로이트에게 주류 사회에서 인정받던 의사인 융은 큰 도움이 되었을 것이다.

프로이트는 초대 정신분석 학회장에 융을 추천할 정도로 융을 무척 아꼈다. 하지만 융과 프로이트는 심리학 이론에 대한 의견 차이로 갈등을 겪게 된다. 바로, 프로이트의 최대 공헌이자 그의 이론적 약점인 '리비도 이론' 때문이었다. 프로이트는 인간은 쾌락의 원칙에 따라 작동하며 성적인 에너지(리비도)가 가장 중요한 원리라고 주장했고, 융은 이를 받아들이기 어려워했다. 결국 융이 리비도 이론을 거부하면서, 두 사람은 결별하게 되었다. 융의 부인 엠마 융은 프로이트에게 편지를 보내 '융에게 프로이트는 아버지나 다름없는 존재'라고 하면서 이 둘을 화해시키려고 애를 썼으나 실패했다고 한다.

이것은 프로이트에게 엄청난 슬픔이었고, 융에게도 대단히 큰 고통이었다. 융은 자서전에서 자신이 마흔두 살 무렵에는 인간적으로 누릴 수 있는 거의 모든 것을 이미 얻었다고 말했다. 하지만 그 모든 성취가 프로이트와의 결별로 인해 무너지고 끝나버렸다고 고백했다.

프로이트와 각자의 길을 걷게 된 후 불확실한 내면의 시기가 시작되었다. 이를 방황의 시기라 해도 과장이 아닐 것이다. 발을 디딜 곳이 전혀 보이지 않았기 때문에 나는 완전히 공중에 떠다니는 것 같았다.

융은 이 당시 안정된 가족과 계속해서 진료할 수 있는 병원이 있었기에 버텨냈다고 회고한다. 하지만 이 고통의 시기에 그의 심리학 연구가 깊어졌고 프로이트와 다른 자기만의 심리학 모델을 만들었다.

프로이트와 융은 하나였지만 둘로 나누어졌다. 나누어진 둘은 서로 대립하는 대극 성질을 갖게 되었고 그 속에서 두 사람은 상처를 받았다. 하지만 결과적으로 융의 이론은 프로이트의 이론을 완성시키고 보완하며, 프로이트가 심리학의 지평을 더욱 크게 확장하도록 공헌했다. 융 역시 프로이트의 개인 무의식 개념에서 집단 무의식 개념으로 나아가는 힌트를 얻을 수 있었다. 처음에는 프로이트와 융의 결별이 대극적 대립 관계인 듯 보였으나 결국 상호보완적 협력 관계로 이어진 것이다.

대극의 관계에서
상호보완적 관계를 만들라

대극 관계가 발생한 곳에는 파국과 절망, 혼동, 분노, 상실의 고통이 발생한다. 그러나 역설적으로 대극의 혼란 속에서 창조, 재생이 이루어지고 이것은 서로에게 도움이 되는 상호보완적 협력 관계를 만든다.

음과 양이 서로에게 기대어 존재하듯이, 나와 갈등을 일으키는 적이나 경쟁자도 사실은 나에게 보완적인 역할을 해줄 수 있다. 결국 그 관계는 나를 더 성장시키고, 나와 세상에 조화와 균형을 유지해줄 관계일 수 있다.

사회생활에 잔뼈가 굵은 사람들이 여러 인간관계를 겪은 결과로 자주 하는 말이 있다.

"영원한 원수도 없고, 영원한 친구도 없다."

이는 극단적인 대립으로 갈리는 오늘날 인간관계의 실상에 대한 적잖은 통찰을 준다. 융도 비슷한 이야기를 했는데, 그는 원수에게도 감사해야 한다고 말했다. 원수가 나를 단련시켜 진정한 친구가 되고, 반대로 친했던 친구가 나의 성장을 방해해 원수가 되는 일은 지금도 수없이 펼쳐진다. 그래서 우리는 대립 관계를 볼 때, 한쪽 시선으로만 보지 않고 전체적인 상호작용을 함께 봐야 한다. 그렇게 한다면 대립이 협력으로 바뀌는 연금술적 변화를 경험할 수 있다.

열등감을 외면하지 말고
지혜롭게 다루어라

―― 동물 종 수컷들이 자존감과 명예를 잃으면
그 값을 치르고야 만다.
자존감과 명예는 남성다움에 본질적이며,
그것들을 잃는다는 것은 은밀한 방식으로 거세당함을 뜻한다.
_마리-루이제 폰 프란츠, 《영원한 소년과 창조성》

한 기업에서 직원을 대상으로 하는 특강을 진행했다. 이후 그 회사의 CEO와 함께 식사를 했는데 그 자리에서 그가 이런 말을 했다.

"한국에서는 백억 원쯤 가지면 부의 의미가 사라지고, 부가 숫자가 됩니다."

백억 원 이상을 소유하면 실제로 그 이상을 소유한 사람과 사는 데는 별 차이가 없다는 뜻이다. 아무리 돈이 많아도 금으로 된 밥을 먹는 것도 아니고 금으로 된 침대를 쓰는 것도 아니기에 백억 원을 소유하나 그 이상을 소유하나 사실 비슷해진다. 차이는 통장에 있는 숫자에 불과하다. 그런데 사람들은 실제로 소유하지 않는 이 숫자에 목을 매게 된다고 말했다.

시대를 막론하고 부자들은 재산을 늘리기를 간절히 바란다. 하지만 아무리 부자가 되어도 그 위에 더 큰 부자가 있다. 나 같은 대학 교수는 직접 체감할 수 없지만, 다른 의미로는 충분히 이해할 수 있는 말이었다.

카를 융이 취리히 대학에서 전임 강사로 강의할 때는 강의실이 늘 만원이었다. 독일권 나라의 대학들은 대부분 국립대라서, 일반 시민들도 대학 강의를 청강할 수 있었기 때문이다. 나 역시 독일 유학 시절에 인기 있는 교수의 강의를 들으려고 했지만, 시민들이 맨 앞자리를 차지해 할 수 없이 뒷자리에서 수강을 하기도 했다.

융의 강의도 워낙 인기가 많아서 학생들은 항상 자리가 부족했고, 시민들 때문에 뒷자리로 밀려나기도 했다. 나도 교수 생활을 20년째 하고 있지만 내 수업에서는 그렇게 많은 학생들을 보기 쉽지 않다. 새 학기 강의실에 있는 많은 빈자리를 보면서 융처럼 인기를 몰고 다니는 다른 동료 교수를 생각하면 왠지 쓸쓸

하다.

그렇게 인기가 많았던 융도 1932년의 편지에서 자신이 심각한 열등감을 느끼며, 이것을 발작처럼 겪는다고 썼다. 이 글을 읽는 순간 놀라기도 했고 한편으로는 위안도 얻었다. 20세기 가장 위대한 심리학자이며 한 인간으로서 많은 것을 성취한 융도 그런 감정을 겪었다는 사실이 놀라웠다.

**중년에 쓰나미 같은
열등감이 몰려온다면**

인생을 살아가면서 우리가 짊어져야 하는 무거운 짐 중 하나는 열등감이다. 어린 시절 공부 잘하는 아이에게 느꼈던 열등감은 중년을 보내는 나이가 된 지금도 잊히지 않는다. 청소년기에는 잘생긴 아이 앞에서 초라함을 느꼈고, 사회 초년생으로 첫발을 내디뎠을 때는 뛰어난 친화력으로 주변 사람들에게 인기를 독차지하던 동료에게서 열등감을 느꼈다. 인생의 각 시기와 단계마다 그에 따르는 열등감이 있었다.

그런데 중년이 되었을 때 느끼는 열등감은 좀 더 복잡하고 깊고 아프게 다가온다. 나는 중년의 시기에 여러 번의 성공과 실패, 좌절을 모두 겪었다. 말 그대로 다사다난한 시기를 보냈다. 성공했을 때는 우쭐대고 나 자신이 무언가 다른 사람들보다 우월하다는 자아 팽창 의식까지 올라갔다. 그러다가 실패와 좌절을 겪고 다른 사람의 성공을 옆에서 지켜보면서 우울과 패배감에 젖었다. 인간에게 가장 고통스러운 순간은 나 자신의 실패와 패배보다는 다른 사람의 성공과 행운을 옆에서 지켜보는 일이다. 열등감을 불러오기 때문이다.

열등감은 더욱 열심히 노력하는 동력이 되기도 하고 부정적인 감정에 허우적거리고 우울해지게 만들기도 한다. 중년에 밀려오는 열등감이 위험한 이유는 우울증을 비롯한 알코올 중독과 다양한 중독의 원인이 되고, 가정 폭력과 학대 등을 유발하기 때문이다.

중년은 인생 전체를 통틀어 어떤 시기보다 긴장과 갈등이 많은 대극적인 시기이다. 가정 안에서는 부부, 자녀와의 관계에서 갈등을 대면한다. 직장 생활을 하고 사업을 진행하는 와중에도 관계와 일 속에서 더 큰 긴장과 갈등을 만난다. 사회 초년생일 때처럼 마음대로 사표를 쓸 수도 없다. 사회 초년생에게는 다른 기회가 더 있겠지만 중년의 직장인에게는 쉽지 않다.

부부 관계만 보더라도 결혼해서 부모가 되고 중년과 노년에 이르는 과정 중에서 가장 만족도가 낮은 시기가 중년이다. 시기적으로 자녀는 청소년기에 있기에 자녀와 부모 사이의 긴장도 최고조에 달한다. 결국 중년이 되면 위기와 문제는 한두 가지가 아니라 여러 갈래로 찾아온다. 게다가 그것들이 한 번에 끝나지 않고, 마치 쓰나미처럼 연속적으로 몰려온다. 중년은 바로 그런 시기다.

자신을 용서할 때
열등감을 넘어선다

열등감은 일단 기분을 나쁘게 만든다. 내가 무언가 잘못한 것 같고, 중요한 무언가를 놓친 것 같은 실패감을 불러온다. 열등감을 느끼는 순간, 거기에 딸린 다양한 부정적 감정이 밀려오면서 감정은 바닥까지 더욱 떨어지게 된다.

열등감 역시 콤플렉스에 속하기에 강한 감정을 불러일으킨다. 콤플렉스가 작동하면 내가 내 의지대로 행동하는 것이 아니라, 마치 콤플렉스 자체가 하나의 인격처럼 움직여서 나를 끌고 가버린다. 그래서 감정이 갑자기 밀려와 홍수처럼 나를 휩쓸고, 혼란을 겪게 된다. 자기 의지로 감정을 통제할 수 없기에 무기력하고 감정의 홍수에 휘말린 스스로를 자책하거나 주변을 탓하며 힘든 시간을 보내게 된다. 문제는 이런 열등감이 만든 부정적 감정 속에서 관계 맺기와 소통 방식이 쉽게 왜곡된다는 점이다. 즉 상대방을 있는 그대로 보지 못하고, 감정에 휩쓸려 관계를 더 어렵게 만들 수 있다는 뜻이다.

열등감에 사로잡히면 대인관계에 혼란이 발생하는데, 그중

친밀한 관계에서 특히나 혼란스러워질 수 있다. 대부분의 중년은 사회 안에서 여러 관계를 맺고 살아간다. 관계는 언제나 한 방향이 아니고 양방향이고 복잡성을 띤다. 우리를 둘러싼 다양한 관계의 거미줄 속에서 적이나 경쟁자가 어느 순간 협력자가 될 수도 있고, 반대로 가까운 동료나 친구가 적이 될 수도 있다. 이렇게 관계가 자꾸 변하고 뒤집히기 때문에, 관계에서 생기는 문제는 중년의 삶에서 큰 위기가 될 수 있다.

열등감은 그 반대편에 있는 권력 욕구와 연결돼 있다. 다른 사람보다 더 잘하고 싶고, 더 똑똑해지고 싶고, 힘을 갖고 싶고, 성공하고 인정받고 싶어 하는 마음이 다 권력에 속한다. 그 결과 진보와 성장, 변화를 얻을 수도 있다. 그러나 남들보다 더 성공하고 인정받았다고 해서, 열등감이 사라지지는 않는다. 왜냐하면 항상 그보다 더 높이 성공하고 더 크게 인정받는 사람이 있기 때문이다.

경쟁 사회 안에서 누구도 열등감을 피할 수 없다. 따라서 열등감을 안 느끼게 조심하거나 예방하는 것이 아닌, 어떻게 열등감을 다룰지가 중요하다. 열등감을 다루는 첫걸음은 내 안의 열등감을 인정하는 것이다. 내가 열등감을 느낀다는 사실을 인정하지 않고 애써서 부인하면, 오히려 열등감이 콤플렉스가 되어 나를 지배하게 된다. 그러면 내 감정과 행동이 내 의지가 아니라 열등감에 끌려다니게 된다. 단순하게 말해서, '지금 내가 열등감의 콤플렉스에 사로잡혀 있다'라는 사실을 알아차리는 것이 열등감을 다루기 위한 출발점이다.

　1932년에 융은 편지에서 열등감이 밀려올 때, '자기 자신을 도저히 사랑할 수 없다'라고 썼다. 이 말은 열등감의 근본적인 문제는 얼마나 자기 자신과 자신의 한계를 수용하고 더 나아가서 용서할 수 있느냐 하는 것이다. 자기 자신을 있는 그대로 보고 한계를 받아들이는 일은 사실 세상에서 가장 힘든 일일지도 모른다.

사람은 이럴 수도 있고 저럴 수도 있다

> 사물은 저것이기도 하고 이것이기도 하다.
> 저쪽에서 못 보는 것을 이쪽에서 보며,
> 저것은 이것에서 나오고, 이것은 저것에서 나온다.
>
> _장자, 〈제물론〉

우리의 모습은 드러나는 것이 전부가 아니다. 겉으로 착해 보이지만 가까이에서 보면 전혀 다른 품성에 놀라거나 실망할 때가 있다. 어떤 경우 겉과 속이 너무 달라서 배신감마저 느끼게 만드는 사람도 있다. 그렇다면 겉과 속이 똑같은 사람은 과연 있을까? 만일 그렇다면 그 사람은 정말로 특색 없는 무미건조하고 재미없는 사람일 것이다. 우리는 한 가지 모습만 가질 수 없다. 평상시에는 차분하고 이성적으로 행동하다가도 어느 순간 흥분하고 감정적이고 충동적으로 행동하기도 한다.

이런 상반된 두 모습 속에서 어느 쪽이 진짜 모습인지를 판가름하는 일은 의미가 없다. 두 가지 모습 다 그 사람이기 때문이다. 언제나 매사에 똑같은 모습을 보이고 그렇게 행동하는 사람은 오히려 내면에 극심한 갈등을 겪을 가능성이 크다.

우리의 정신 구조 자체가 본래 이중적이며 상반된 대극을 품고 있다. 자아와 그림자로 표현되는 이러한 대극은 근원적인 고통과 갈등의 뿌리가 된다.

과연 선함은 어디까지일까? 그 경계는 모호해질 수 있다. 선이 있으면 반드시 악도 내면에 쌓이게 마련이다. 이러한 정신적 조건은 우리 인간이 가진 의지의 한계를 보여준다.

**성공과 실패는
사실 하나다**

우리는 의식과 무의식뿐만 아니라 수많은 대극적 요소로 이루어져 있다. 자아와 그림자, 자아와 페르소나, 아니마와 아니무스 등 많은 대극이 존재한다. 이러한 대극 사이의 간격이 너무 벌어지면 대극 사이의 긴장은 높아지고, 이는 결국 정신적 불안정이나 심하면 정신분열을 일으키는 중요한 원인이 된다.

예를 들어 어떤 직장인은 상사에게는 지나치게 굽신거리고, 아래 사람에게는 지나치게 오만하고 경직된 자세를 취한다. 이런 모순적이고 극단적인 행동 패턴은 주변 사람들에게 불편함과 거부감을 준다. 하지만 실제로는 그 사람 안의 대극이 너무 벌어져 심각한 내적 갈등을 겪고 있다는 신호일 수 있다. 그가 내적 긴장과 갈등 더 나아가 관계 안에서 발생하는 불협화음을 벗어나려면 대극의 합일이 필요하다. 이 두 상반된 부분을 융합시키는 작업이 요구된다. 융은 이 과정을 '대극의 합일'이라고 불렀다.

정신적 대극의 합일은 융에게서 가장 중요한 관심사였고, 이것은 물질을 융합시키는 연금술 연구로 이어졌다. 1930년, 융은 중국의 연금술서 《황금꽃의 비밀》을 접하게 되면서 일대 전환기를 맞는다. 이 책에는 융이 품고 있던 생각이 담겨 있었고, 그것은 그에게 큰 확신이 되었다. 그동안 자신만의 고립된 사유라고 여겼던 통찰이 사실은 이미 오래전 동양에서 꽃피웠음을 확인한 것이다. 이로써 그는 동양과 서양의 깊은 연관성을 깨닫게 되었다.

성공과 실패는 전혀 다른 의미 같지만 사실은 하나의 전체 과정에 속한 두 측면이다. 언제나 성공만 할 수 없다. 성공은 많은 실패를 거쳐야 비로소 도달한다. 그런데 어떤 사람이 오직 성공만을 추구하고 실패를 무능력의 증거로만 여긴다면, 그는 자기 자신을 성찰할 소중한 기회를 잃게 된다. 그렇게 되면 결국 정신의 내면 세계에서 멀어지고, 완벽주의나 강박증 같은 신경증적 집착에 사로잡히게 된다.

《황금꽃의 비밀》은 《주역》과 노자 사상을 기초로 하는데, 융의 심리학적 태도는 이들과 닮았다. 《주역》과 노자는 승리하는 그 순간이 곧 패배로 이어질 수 있음을 말하며, 계속해서 한 방향으로 밀어붙이기보다는 조화와 균형이 필요함을 일깨워준다. 융 역시 이러한 대극의 상대성 가치를 인정하고 그 상호작용의 의미를 파악하려고 했다.

그는 정신 현상을 "이것이냐, 저것이냐"라는 이분법적 사고로 보지 않았다. 오히려 "이것이면서 동시에 저것일 수 있다"라는 관점으로 전체를 바라보았다. 대극을 대립으로 두지 않고 협력하도록 만드는 것이 곧 대극의 합일이다. 대극이 대립 관계로 발전하지 않으려면 대극 현상을 당연한 자연의 현상으로 받아들이는 태도가 필요하다.

우리의 정신 구조는 융합되길 바란다. 인간 정신의 대극들이 대립이 아닌 협력으로 나아가는 것, 이것이 바로 정신의 연금술의 목표인 자기실현의 과정이다.

**대립이 협력으로
바뀌는 순간**

우리는 가장 가깝고 소중하게 여기는 사람과의 관계에서 가장 큰 상처를 주고받는다. 반면에 상처에도 불구하고 우리에게 위로와 힘이 되는 존재도 이들이다. 삶은 모든 것이 이중적이고 대극적이다. 대극의 합일은 어느 한 방향만이 아닌 이 둘의 양극성을 인정하고 균형을 맞추려는 과정이다. 가까운 사람에게 상처를 받았을 때, 곧바로 반격하거나 "어떻게 나에게 그럴 수 있냐"라며 상처받은 감정에 깊이 빠져드는 것은 대립으로 치닫는 길이다. 대립은 끝없는 긴장과 갈등을 낳고 결국 고통으로 이어진다. 그러면 어느 순간 상대를 제압하거나 쓰러뜨리는 것이 목표가 되어 극한 싸움으로 번지게 된다.

반대로, 상대가 나에게 상처를 주었지만 그의 입장에 대해 생각하거나 과거에 그가 나에게 했던 긍정적 행동을 떠올리면서 보복을 유예하면 상황은 달라진다. 대립이 협력으로 바뀌는 열쇠는 바로 시간이다. 시간이 흐르면 상대 역시 미안함을 느끼고, 사과하거나 보상하려는 행동을 하게 된다. 이때 대립은 협력으로 전환되고, 두 극단은 공존할 수 있게 된다. 바로 이것이 대극의 합일이 실제로 이루어지는 순간이다.

어느 한 가지만을 일방적으로 밀어붙일 때, 우리 삶은 알지 못하는 사이 대극의 긴장과 갈등이 쌓여 결국 고통으로 이어진다. 반대로 두 대극 사이의 균형을 이루려는 노력은 삶을 더욱 다채롭고 풍요롭게 만든다.

심리치료사는 상반된 것들이 서로 마주보도록 해
두 가지를 영원히 결합시키는 것을 목표로 삼는다.
_카를 융,《융합의 신비》

Arthur Hacker, ⟨The Cloister or the World⟩

갈등을 화해로 바꾸는
감정이입의 지혜

> "난 이제 더 이상 울지 않아요. 내 안에서 행운과 불운이 균형을 이루고 있기 때문이에요."
>
> _카를 융, 《레드북》, 〈살로메의 대화〉 중에서

우리는 누구나 한 번쯤 어린 시절이나 청년 시절에 친구와 크게 싸우고 갈라설 뻔한 경험을 해봤다. 그러다 싸우고 나서 더 친해지기도 했을 것이다. 그런 갈등을 겪은 뒤 오히려 두 사람 사이의 관계는 갈등 완화를 넘어서 친밀, 신뢰의 관계로 발전하게 된다. 이것은 서로 다른 두 성질이 융합되어 더 귀한 무엇으로 변하는 과정, 곧 정신의 연금술에 성공한 사례라 할 수 있다.

인간 정신과 삶은 수많은 대극의 상호작용으로 이루어진다. 바로 이 지점에서 정신의 연금술은 융 심리학의 핵심 주제로 떠오른다. 융은 중세 연금술 자체가 황금을 만들려는 화학기술이 아니었다고 보았다. 그것은 인간 정신과 물질을 연결하려는 집단 무의식의 표현임을 알아차렸다.

연금술의 가장 큰 과제는 서로 상반된 성질을 가진 물질을 하나로 융합하는 일이었다. 연금술사들은 다른 성질의 두 금속을 융합시키기 위해서 꼭 필요한 도구를 얻으려고 애썼다. 바로 그것이 '철학자의 돌'이다. 철학자의 돌은 금속을 가장 귀한 황금으로 변환시키기 위한 최종적 도구였다. 그런데 철학자의 돌은 자연에서 채광할 수 있는 물질이 아니었다. 연금술사가 오랜 수련을 거쳐 정신과 물질의 결합으로 만드는 신비로운 물질이었다. 따라서 연금술은 소박하고 단순한 초기 화학, 금속학이 아닌 인간 정신을 깊이 있게 탐구한 역사였다. 실제로 많은 연금술사들이 의사로서 활동했던 사실도 이와 무관하지 않다.

바닷가 남편과
내륙 아내의 갈등

나에게 상담을 받으러 온 50대 부부가 있었다. 이들은 심하게 자존심 대결을 벌이면서 돈 문제, 자녀 문제 등 여러 사안에서 끊임없이 다투었고, 심하게 다투는 부모 사이에서 자녀들은 힘들어했다. 부부 사이의 긴장과 갈등에는 수많은 원인이 작동했지만 한 가지 주제로 정리할 수 있었다. 바로 경남과 경북의 문화적 차이였다. 남편은 경남 바닷가 출신이었고, 아내는 경북 내륙 출신이었다. 같은 경상도라 해도 두 지역은 생활 방식과 성향에서 차이가 컸다.

경남 바닷가에서 성장한 남편은 매사에 급하고 솔직했다. 마치 유리처럼 속마음을 그대로 드러내는 성격이었다. 경남 바닷가 쪽 출신 사람들은 그런 성격을 남자답고, 시원시원하다고 긍정했다. 그러나 다른 지역 출신에게는 지나치게 직접적이어서 '해서는 안 될 말'까지 해서 상대방에게 상처를 준다고 비쳐졌다. 또한 직장에서는 적당히 자기 이익을 계산하지 못해 다른 사람들에게 기회를 뺏기는 사람으로 봤다. 아내도 그렇게 생각했다.

아내는 경북 내륙 출신으로 가정 안에서 자기 감정과 생각을 다 드러내면 바람직하지 않다고 배우며 자랐다. 아내는 남들에게 모든 것을 드러내는 남편이 이해가 안 되었고, 남편은 자신과 다르게 행동하는 아내의 모습을 낯설어하며 공격했다.

상담자인 내 눈에 부부의 갈등은 결국 문화적 충돌이었다. 이 상황에서 서로를 바꾸려 하거나 비난하고, 애를 쓰면 쓸수록 더욱 힘들어졌다. 해결의 첫걸음은 상대방의 성향을 '낯섦과 이질성'으로 인정하는 것이었다. 그리고 공격하려는 충동을 억제하고, 호기심을 가지고 상대방을 관찰하는 자세가 필요했다. 바로 그 지점에서 두 사람의 소통과 관계 회복이 시작될 수 있었다.

인간관계의 핵심은
감정이입의 연금술이다

우리는 소통과 관계 속에서 연금술의 핵심인 대극의 합일, 즉 융합을 경험한다. 이것을 화해, 해결, 극복이라는 단어로 표현할 수 있다. 관계야말로 대표적인 대극적 성질을 지닌다. 가족이든 조직이든 우리는 친한 사람과 싫은 사람, 우호세력과 갈등세력 등 대극을 형성한다. 가족이든지, 어떤 조직 안에서든지 모두 좋은 사람이나 모두 나쁜 사람인 경우는 없다. 언제나 이 두 개의 대극적 요소가 존재한다. 관계 안에서 만나게 되는 대극은 우리 삶에서 이어지지만 특히, 중년기에 더욱 뚜렷하게 대극이 드러난다.

중년은 개인적 위기뿐만 아니라 부부와의 갈등, 자녀와의 갈등, 환경과의 갈등이 한꺼번에 밀려오는 시기다. 이때 맞닥뜨린 위기를 어떻게 다루느냐가 중년의 중요한 과제가 된다. 달아날 것인가, 직면할 것인가? 아니면 상대를 제압하거나 억눌러서 대극의 긴장을 완화할 것인가? 아니면 포기하고 상대방에게 무조건 맞추어줄 것인가? 그 어느 것도 정답이 없다. 여기에는 적절한 힘의 조정과 유연성에서 나오는 지혜가 필요하다.

관계에서 생겨나는 갈등은 한쪽을 일방적으로 억압한다고 해결되지 않는다. 오히려 반대의 힘을 불러일으켜 갈등을 더 깊게 만든다. 바로 여기서 필요한 것은 상대방을 이해하려는 자세이다. 상대 입장에서 생각하고 공감하는 감정이입이야말로 관계의 대극을 융합시키는 진정한 연금술이다.

타인에게서
나의 그림자를 발견했을 때

> 우리의 정신생활, 즉 우리의 의식은 투사로 시작되었다.
>
> _카를 융, 《니체의 차라투스트라》

나는 얼마 전 회의에서 도저히 참기 힘든 감정에 휩싸였다. 자리를 박차고 나가고 싶을 정도로 강렬한 분노가 일었다. 원인은 한 동료였다. 그는 회의 내내 발언을 독점했고, 다른 사람이 말을 하려 하면 아직 끝나지 않았다며 제지하고는 자기 말만 이어갔다. 무례하고, 예의 없으며, 거친 태도에 나는 속이 끓어올랐다.

이러한 사람을 만나게 되면 당연히 불편함을 느낄 것이다. 하지만 그날 나는 그 이상을 뛰어넘어 도저히 참을 수 없는 강렬한 감정에 휩싸여 고성을 지를 뻔했다. 결국 도저히 견딜 수 없어서

회의가 끝나기도 전에 나와버렸다.

돌이켜보니, 내가 그토록 격렬하게 반응한 이유는 그 동료의 모습 속에서 나 자신의 억눌린 부분을 보았기 때문이다. 무례함, 거침, 예의 없음 그것들은 사실 내 안에도 존재하는 성향이었다. 하지만 위험하다고 느껴 오랫동안 숨기고 억압해왔던 것들이었다. 내가 그를 향해 가졌던 강한 적대감은 결국 내 안에서 받아들이지 못한 '그림자'에 대한 분노였다. 그것이 투사 형태로 드러난 것이다. 나의 강렬한 적대감이 '투사'라는 사실을 의식적으로 알아차리자 강렬하게 올라왔던 감정이 누그러졌다.

투사하고 있음을 자각하라

투사는 무의식이 외부로 표출되거나 드러나는 현상이다. 다른 사람에게 자신의 무의식을 내보내다 보니 긴장, 갈등처럼 불편함이 생긴다. 투사가 발생하면 강렬한 감정이 뒤따르고, 이때 문제는 개인의 차원을 넘어 관계의 차원으로 이어지면서 복잡해진다. 투사야말로 무의식이 존재한다는 명백한 증거인 셈이다.

투사에서 드러나는 대표적인 무의식의 내용물은 그림자와 콤플렉스 같은 열등한 인격의 측면이다. 그림자와 콤플렉스는 항상 무의식이며, 무의식이 아니면 그림자와 콤플렉스가 아니다. 그렇기에 이들은 명백하게 투사로 그 존재가 드러난다. 여기서 핵심은 투사가 바로 나에게 속한다는 사실을 자각하는 것이다.

투사는 인간의 자연스러운 심리 작용이지만, 과도한 투사는 인간관계를 위험하게 만들고 사회적으로 고립시킨다. 투사에 사로잡히면 우리는 상대방을 있는 그대로 보지 못하고, 오직 자신의 무의식을 투사한 이미지로만 상대를 대하게 된다. 오직 자신의 무의식 내용물을 통해서만 상대를 보게 된다. 우리가 투사를 인식하지 않고 자기에게 속한 것을 다른 사람에게 떠넘기면 난폭해지고, 관계는 거미줄처럼 뒤엉켜서 풀기 어려운 갈등으로 치닫는다. 더 나아가 이러한 과도한 투사는 정신 발달을 저해하여 자기Self로 완성되는 과정을 방해한다.

깊어진 그림자를 걷어내라

중년이 되면 이전 시기보다 내면에 더 많은 그림자가 쌓이고 그림자와 콤플렉스 역시 더욱 활발히 작동한다. 사람들은 무의식 속에 축적된 그림자를 덜어내기 위해, 그것을 자기 안에서 받아들이는 대신 타인이나 집단에 투사함으로써 해결하려 한다.

한국 사회에서 대표적인 집단적 투사는 좌우 진영 논리 속에서 드러난다. 정치적으로 반대 성향의 진영을 향한 악마화, 이유를 알 수 없는 적개감과 분노는 전형적인 집단적 투사의 모습이다. 특히 젊은 시기보다 중년에 들어서 좌우 진영 논리에 더욱 깊이 빠져드는 경우가 많다. 이는 내면의 그림자와 콤플렉스를 덜어내기 위해 투사의 대상을 필요로 하기 때문이다.

투사의 과정에서 우리는 오히려 자신의 그림자를 더욱 선명하게 인식할 수 있다. 타인을 향한 불평 속에는 무의식이 숨겨둔 투사의 내용물이 드러난다. 불평할 때, 마치 엑스레이처럼 적나라하게 투사의 실체가 보인다. 부부가 서로 상처되는 말을 주고받을 때, 정치인들이 상대를 모욕할 때, 그림자는 가장 쉽게 드러난다. 결국 우리가 타인에게 흥분하는 순간, 취약해진 의식의 틈을 타 무의식의 그림자가 슬며시 모습을 드러내는 것이다.

나 또한 중년 이후 TV 뉴스를 볼 때마다 무심코 비난과 불평의 말을 내뱉는 경우가 많아졌다. 자기와 다른 의견을 가진 사람에 대한 강렬한 적대감은 함께 있는 가족들에게 불편함을 준다. 직접적으로 가족을 향한 말이 아니더라도, 무의식적인 불균형이 그들로 하여금 불편함을 느끼게 한다. 문제는 이렇게 투사에만 의존해 감정을 쏟아내면 결국 회피로 이어지고, 그림자와 콤플렉스는 더욱 쌓인다는 점이다. 심리적 균형이 무너진 사람 그 자신은 몰라도 주변 사람들이 반드시 그 불균형을 감지하게 된다.

사람은 자신의 열등한 부분을 굳이 보여줄 필요가 없다.
그렇게 하지 않아도 열등한 부분이 저절로 알려지게 되기 때문이다.
당신 주변에도 당신의 열등한 부분이 어딘지를 아는 사람이
꽤 많다고 보면 된다. 사람들은 타인의 단점을 매우 잘 보는
놀라운 능력을 갖고 있으면서도 자신의 단점은 좀처럼 보지 못한다.

_카를 융, 《니체의 차라투스트라》

Charles François Jalabert, ‹Oepidus and Antigone›

나를 향한 경멸이
타인을 향한 경멸을 만든다

> 결국 상처 입은 의사만이 다른 사람을 치유할 수 있으며 그런 의사라 할지라도 그의 치유능력은 그가 자신을 치유한 정도를 넘어서지 못한다는 것이 나의 최종적인 분석이다.
>
> _클레어 던, 《카를 융 영혼의 치유자》

40대 후반 영희 씨는 남편과 시누이가 지나치게 가깝게 지내서 힘들어했다. 두 사람이 가깝게 교류할 때마다 소외감과 서러움에 고통을 받았다. 결국 참지 못한 영희 씨는 남편에게 "나 아니면 누나 중에 택해!"라는 폭탄 발언을 하게 되었다. 그 결과 시누이와의 관계는 수습하기 어려울 만큼 힘들어졌다.

상담실에 온 영희 씨는 자기를 힘들게 하는 모든 원인이 시누이와 남편이라고 믿었고 자신은 고통받는 피해자라고 확신했다. 그러나 상담이 깊어지면서 그녀의 과거가 드러났다. 어린 시절,

부모는 여러 자녀를 모두 돌볼 수 없어 영희 씨를 시골 할머니 집에 보내 3년 가까이 따로 지내게 했다. 동생들은 부모와 함께 살았지만, 자신만 따로 떨어져 지냈다. 영희 씨는 그 이유를 이해할 수 없었다. 부모가 자신을 데리러 오기를 매일 기다렸지만, 오지 않아서 깊은 상처를 입었다.

그 경험은 '억울한 일을 다시는 당하지 않겠다'는 마음으로 굳어져, 손해를 보는 상황을 참지 못하는 성격을 만들었다. 상담을 하며 영희 씨는 남편과 시누이의 친밀한 관계에 분노하고, 심지어 이혼까지 생각했던 이유가 단순히 현재의 문제가 아니었음을 알게 되었다. 그것은 어린 시절 버림받음의 상처가 여전히 영희 씨 안에 똬리를 틀고 남아 있었기 때문이었다. 결국 그녀는 남편과 시누이에게 투사된 자신의 감정을 깨닫고, 서서히 그 투사를 거두기 시작했다.

문제는 상대가 아니라 나 자신이다

투사를 거두기 위해서는 '나는 나의 그림자가 나에게 속한다는 것을 안다'라는 자세가 필요하다. 문제의 원인은 상대방이 아니라 나 자신이고, 투사에서 나타난 감정과 행동은 나 자신에게 속한다는 인식이 필요하다.

영희 씨가 투사를 거두기 위해 해야 했던 작업은 어린 시절에 버림받은 상처가 여전히 내 안에 존재하며, 또다시 같은 상처를 받을까 늘 경계해왔다는 사실을 알아차리는 것이었다. 이 깨달음은 불편하고 받아들이기 힘든 일이었지만, 동시에 중요한 통찰이었다. 영희 씨는 그 경험을 복기하며 어린 시절의 상처와 불안이 오히려 자신을 가족 관계에 더 민감하고 소중히 대하는 사람으로 만들었으며, 자녀가 같은 상처를 받지 않도록 조심하는 엄마로 살게 했다는 사실도 알아차리게 되었다.

투사를 거두는 일은 인격의 반대편에 있던 열등한 면을 통합하는 것이다. 그렇게 될 때, 그림자와 콤플렉스는 순금으로 변모한다. 우리 자신으로부터 분리되었던 부분이 다시 통합되면, 우리는 더욱 온전한 존재가 된다. 그 과정 속에서, 이전에 투사한 사람들을 향해 더욱 다정해지고 관대해진다. 투사를 거두는 일은 자기 내면의 대극적 요소를 통합하여 전체를 이루는 과정이다.

우리에겐 철학자의 돌이 필요하다

내면의 대극을 융합하는 일은 정신적 연금술에서 말하는 '철학자의 돌'을 만드는 과정에 해당한다. 철학자의 돌은 대극의 융합을 만드는 조화와 균형의 상징물이다.

어떤 사람이 자신감이 없고 매사에 겁이 많은 사람을 향해 겁쟁이라고 조롱했다고 하자. 그는 상대방이 조금이라도 주저하는 모습을 보면 바로 겁쟁이라고 경멸했다. 사실 그는 자신 안의 겁이 많은 모습을 무시하고 경멸했다. 겁쟁이를 경멸하면서 자신은 아니라고 부정하고 그것을 타인에게 떠넘긴 것이다. 여기서 투사를 거둔다는 말은 자신 안에 겁이 많다는 부분을 인정하는 것이다. 그러면 타인에게만 향했던 경멸과 무시가 사라지고, 그 속에서 오히려 '신중함'이라는 긍정적 자질을 발견할 수 있다. 자신을 겁쟁이가 아닌 매사에 무모하지 않은 신중한 사람으로 인식하는 것이다. 이것이 바로 내면의 대극적 특성이 융합되며 만들어지는 정신적 황금이다.

투사를 거두면 내면 깊은 저편에 밀어넣었던 그림자와 콤플렉스를 인정하게 된다. 인정된 열등한 인격은 더 이상 투사를 통해 해소할 필요가 없기에 자연스럽게 투사는 사라진다. 더 나아가 열등한 인격의 대극에는 언제나 긍정적인 측면이 숨어 있다. 부정적인 면만 바라보면 우리는 그것을 타인에게 투사하게 되지만, 그 반대편의 긍정적인 면을 인식하면 투사의 이유 자체가 사라진다. 우리가 이러한 인격의 양면성을 인식하지 못하면, 타인에게 투사된다. 하지만 부정적 측면 뒤에 존재하는 긍정적 측면을 인식하면 투사할 이유가 사라진다.

콤플렉스를 알려면
불만을 탐색하라

이름은 효과를 발휘하고, 말은 액막이 역할을 한다.
정신분석가가 환자의 문제에 이름을 붙여주면, 환자는 반 정도
문제에서 해방된다.
그래서 문제 해결에 이름을 붙여주는 것의 효과를 유익하게
활용하기도 한다.

_카를 융,《꿈의 분석》

    어느 부부의 이야기이다. 아내가 박사 학위를 받는 졸업식 날, 뜻밖의 사건이 벌어졌다. 남편의 외도 사실이 드러나면서 졸업식은 아수라장이 되고 흥분한 아내는 졸업장을 찢어버리기까지 했다. 가장 기뻐야 할 날이 가장 아프고 상처받는 날로 변해버렸다.

    아내는 결혼 후에도 학업에 대한 꿈을 놓지 않고 꾸준히 공부를 이어왔다. 남편도 그런 아내의 뜻을 존중하고 학업을 지원해주었다. 하지만 아내가 박사과정에 들어가면서 부부 관계에 서서히 긴장이 싹트기 시작했다. 고졸 출신으로 자수성가 사업가가 된 남

편은 아내가 박사과정까지 입학하게 되면서 점차 학벌에 대한 열등감을 드러냈다. 어느 순간부터 아내에게 "나보다 더 어울리는 남자를 만나 떠나야 하지 않겠냐"는 식의 말을 하며 두려움을 표출했다. 사실 이는 아내가 자신을 떠나리라는 불안에서 비롯된 것이었다. 아내는 남편이 그럴 때마다 화가 나고 속상했다. 결국 부부 사이에는 긴장과 갈등을 유발하는 대극이 만들어졌다.

학업과 열등감 사이, 부부가 마주한 균열

이러한 대극이 만들어내는 긴장과 갈등은 서로를 향한 실망과 분노를 키웠고, 두 사람의 관계를 파국으로 몰아넣었다. 결국 남편은 아내가 박사 학위를 받는 날, 외도의 사실을 무의식적으로 흘리며 일종의 복수를 감행했다.

그러나 아내는 즉각 이혼을 요구하기보다는 도저히 이해할 수 없는 남편의 행동을 알고 싶어 했다. 남편은 아내의 꿈을 처음에는 아낌없이 지원했지만 아내가 학업을 증진할수록 자신과의 거리가 점점 멀어진다고 느꼈다. 어느 순간 아내가 쓰는 언어와 말투마저 달라지자 그는 더욱 괴리감을 느꼈고, 열등과 불안을 쌓았다. 마침내 그는 아내가 자신을 무시한다고 확신하게 되었고, 이는 거칠고 공격적인 태도로 드러났다.

악화되는 관계 속에서 아내는 남편 덕분에 공부를 한다는 고마움을 충분히 전하지 못했다. 상담 과정에서 남편이 지나치게 술을 좋아해 문제가 되었고, 아내는 결혼 10년 동안 거의 함께 술을 마신 일이 없다는 사실이 드러났다. 남편은 아내가 술을 함께하지 않는 것을 자신을 무시하는 태도로 받아들이고 있었다. 이에 나는 아내에게 남편과 술 한잔을 함께할 것을 권하며, 화를 내는 대신 자신의 진심을 설명하라고 제안했다. 아내는 이를 즉시 실행했고, 곧 "남편이 달라졌다"는 소식을 전해주었다.

두 부부의 극심한 갈등은 결국 맥주 한잔을 나누는 단순한 행위로 풀리기 시작했다. 작은 대화의 자리가 대극을 통합할 수 있는 지점으로 이어졌다. 이들이 극심한 갈등에 휩싸이게 된 가장 큰 원인은 마음의 응어리, 즉 '콤플렉스'였다. 콤플렉스는 강한 감정을 동반하는 에너지로, 무의식에만 있는 것이 아니라 의식을 구성하는 심리적 복합체이다.

이 사례에서 두 부부 모두 학벌 콤플렉스를 지니고 있었다. 아내는 그것을 극복하기 위해 결혼 후에도 꾸준히 공부를 이어갔지만, 남편은 콤플렉스에 사로잡혀 아내에게 무시당한다고 느꼈고, 이를 투사하여 과민하게 반응했다.

현재를 살기 위해
과거를 직면하다

마음속 응어리는 우리의 삶에 지속적으로 영향을 미친다. 평소에는 괜찮은 사람이더라도 돈, 외모, 학벌, 애정, 성공, 시험, 권력 등 특정 부분이 건드려지면, 유난히 집착하며 주변 사람들에게 불편함을 주곤 한다. 이는 그 영역에 얽힌 콤플렉스가 활성화되었기 때문이다. 콤플렉스가 작동하면 인지 왜곡이 발생하여 비합리적인 행동으로 이어진다. 사례의 남편 역시 자기 분야에서 인정받는 사업가였지만, 그의 무의식 깊은 곳에 자리 잡은 학벌 콤플렉스가 아내로부터 자극되자 의심과 질투, 분노로 반응했다. 남편의 능력을 존중하던 아내는 이러한 반응이 단순한 성격 문제가 아니라 학벌 콤플렉스에서 기인했다는 사실에 놀라워했다.

우리는 살아가면서 많은 경험을 하며, 수많은 콤플렉스를 갖게 된다. 콤플렉스 자체는 해롭거나 병적인 증상이 아니다. 단지 문제는 그 존재를 모르고 살아갈 때 생긴다. 콤플렉스가 해로울 때는 무의식에 억압되었다가 의식의 통제를 벗어날 때이다. 이때 콤플렉스는 의식의 통제를 벗어나 주도권을 잡고, 사람은 자신이 그 영향을 받고 있다는 사실조차 깨닫지 못한 채 왜곡된 시각으로 세상을 보게 된다. 따라서 콤플렉스를 의식화하고 알아차리는 작업이 매우 중요하다. 그 출발은 불만을 경청하는 것이다.

가장 가까운 주변 사람에 대한 불만을 들여다보는 것은 콤플렉스를 파악하는 가장 확실한 길이다. 불만 속에는 언제나 투사와 연결된 콤플렉스가 숨어 있다. 그 불만에는 현재의 문제와 과거의 상처가 동시에 얽혀 있다. 결국 지금의 삶에 몰두하고 충실하게 살아가기 위해서는, 과거의 어떤 응어리가 여전히 자신을 붙잡고 있는지를 탐색하는 과정이 반드시 필요하다.

그리스인의 창의성에는
곤경이 필요했다

사람은 건강을 위해서라도 곤경이 필요하다.
_카를 융, 《정신의 구조와 역학》

카를 융은 원수에게 감사하라고 말하곤 하였다.
_로버트 존슨, 《당신의 그림자가 울고 있다》

누군가 카를 융에게 "심리학을 빨리 배우려면 어떻게 해야 하나요?"라고 물었을 때, 그는 "그리스 신화를 읽어라"라고 조언했다. 융에게 그리스 신화는 단순히 오래전에 사라진 종교 이야기가 아니라 인간 무의식의 산실이었다. 사실 그리스 신화의 가치를 처음 발견한 사람은 융의 스승인 프로이트이다. 프로이트는 인간 정신의 고통을 고대 그리스의 유명한 오이디푸스 신화를 가져와서 설명했다.

융은 그리스 신화를 '우리의 본능적 기반과 연결해주는 정신적 과정과 발달을 묘사한 은유'로 이해했다. 그래서 융에게 그리스 신화는 집단 무의식의 보물 창고와 같았다.

고대 그리스인들만큼 오늘날까지 영향을 미치는 민족이 있을까? 만일 우리가 400년 전 조선인과 만나서 대화한다면, 전혀 소통이 되지 않을 것이다. 현대 한국인들의 세계관과 조선인들과는 너무나 다르기 때문이다. 하지만 놀랍게도 고대 그리스인들과 대화를 한다면 어느 정도 대화가 가능하다. 민주주의, 세금, 문학, 학교, 상업, 금융, 서면 계약, 기술 교본, 투자, 예술, 연극 등 수많은 부분에서 일치하기 때문이다.

**창의성은 질서와 무질서
사이에서 피어났다**

독일에서 유학하던 시절, 독일어 수업에서 한 교사가 이렇게 말했다.

"미국인들은 유럽 문명을 따라가 보겠다며 여행을 오면, 꼭 그리스와 로마를 보고, 프랑스와 영국을 거쳐 여행을 끝낸다. 그러고는 유럽을 다 본 것처럼 말한다."

아마도 미국인들이 생각하는 '유럽'에는 독일이 없다는 점에 대한 불만이 담긴 소리였을 것이다.

  나는 독일에서 처음 유학생활을 할 때 배우는 모든 것에 '왜'라는 질문을 던지거나 합리적으로 사고하는 방식에 적응해야 했다. 한국에서 교육을 받을 때는 독일과 다르게 '왜?'라는 이유를 묻기보다는 개념을 외우거나 무조건 이해하려고 애를 썼기 때문이다.

  합리주의 사고 훈련은 서구 학문의 기초를 이루는 방식이다. 사실 합리적 사고와 '왜?'라고 묻는 질문 방식은 고대 게르만인들보다는 그리스인들에게 온 것이다.

  고대 그리스는 도시 문명이 발달해 정교한 법과 합리적인 철학이 번성했다. 하지만 동시에 디오니소스 축제 같은 광란의 잔치도 있었다. 고대 그리스인들은 어마어마한 양의 포도주를 마셔대며 모든 억압에서 벗어난 마냥 괴상하고 혼란스러운 행위를 일주일 내내 열었다.

  즉 고대 그리스 사회에는 질서와 무질서가 함께 공존했다. 멋지게 설계된 건축물과 섬세한 조각상이 보여주는 질서가 있는가 하면, 자유롭고 혼란스러운 모습도 동시에 있었던 것이다. 또한 그리스는 수백 개의 독립된 도시국가(폴리스)로 나뉘어 있었는데, 언어나 일부 문화는 공유했지만 서로는 매우 달랐다. 그 차이 속에서 다양성이 존중되었고, 서로 독점하지 않는 구조가 유지되었다. 바로 이런 다양성 속에서 서로 다른 성격과 가치들이 공존하며 많은 대극적 요소가 생겼다.

다이내믹 코리아와
고대 그리스의 공통 뿌리

에릭 와이너 Eric Weiner는 니체의 말을 인용해서 아테네인들이 뛰어난 이유는 사방에서 도전을 받았기 때문이라고 말했다. 아테네는 주변 적들에게 언제든 공격당할 수 있는 불안정한 위치에 있었고, 동시에 모든 곳으로 개방된 지역적 특성을 갖기도 했다. 인류 문명의 역사 속에서 아테네가 남긴 긴 영향력은 아테네가 가진 대극적 요소, '불안정한 또는 개방적인 위치'에서 기인한다.

그리스인들의 창의성은 에릭 와이너가 한 말처럼 그들이 가진 환경적 어려움에 대처한 결과였다. 지리적 환경이 만든 대극과 그 속에서 발생하는 긴장과 갈등, 도전과 적응 과정의 결과물이었다. 그리스 건축은 복잡한 지형에 대처한 결과이고, 그리스 회화는 그리스 복합광에 대처한 결과였다. 또 그리스 철학은 복잡하고 불확실한 시대에 대처한 결과였다. 천재가 탄생한 장소는 결코 풍요로운 낙원이 아니고 그 반대였던 셈이다.

불안정한 그리스의 위치는 쉽게 파괴되고 멸망할 수 있는 위험한 곳이었지만, 그리스인들은 환경적 어려움에 도전하고 극복하며 사방으로 뻗어나갈 기회로 바꾸었다. 반면에 전혀 대극이 존재하지 않는 풍요의 장소에는 대처할 필요가 없기에 결과적으로는 정체될 수 있다.

그리스뿐만 아니라 인류의 역사와 문화에는 늘 대극의 갈등 구조가 풍부하게 담겨 있다. 사회, 문화, 지리적 위치 안에 대극이 없으면 정체되고, 대극이 활발하게 작동하면 고통이 따르지만, 창의성이 발현된다.

최근 전 세계로 뻗어나가는 K-문화는 한국 사회가 겪은 수많은 역경을 빠르게 이겨내고 나온 것이다. 한국은 어렵고 가난했던 시절을 빠르게 극복하고 짧은 시간 안에 선진국이 되는 과정에서 수많은 대극이 생겼다. 또한 독재정치를 이겨내고 민주주의를 쟁취하는 과정에서도 수많은 혼란과 갈등이 있었다. 이런 대극들이 단순히 고통으로 끝나지 않고, 오히려 그 속에서 창의성을 끌어냈다. 말 그대로 '다이내믹 코리아'의 대극 요소들이 만들어내는 갈등과 혼란은 그 자체로 고통이지만, 보상작용으로는 놀라운 창의성이 꽃을 피우게 된 것이다.

문화와 시대를 움직이는
원형의 힘

> 한 개인이나 하나의 문화를 지배하는 원형을 이해하면
> 그 사람이나 문화의 내면에서 무엇이 일어나고 있는지를
> 깊게 파악할 수 있다. 나아가 앞으로 어떤 일이 벌어질지도
> 이성적으로 추론할 수 있다.
>
> _로버트 존슨, 《내면의 황금》

독일에서 유학할 때, 나는 본Bonn 대학교와 보훔Bochum을 기차로 오가며 상담 훈련을 받았다. 내가 실습하던 보훔의 센터로 가려면 거대한 수사자 동상 앞을 지나가야 했다. 그러던 어느 날, 우연히 동상 밑에 적힌 글귀가 눈에 들어왔다. Fuer den Freiden. 한국어로는 '평화를 위하여'라는 문구였다.

그런데 사자상과 글귀가 전혀 어울리지 않아 보였다. 수사자는 커다란 이빨과 발톱이 강조된 모습으로 맹렬하게 적에게 돌진하는 자세였고, 평화를 위해 제작되었다는 글귀와는 도무지 어울

리지 않았다. 그러다가 동상의 제작 연대가 제1차 세계대전이 패전으로 종식된 1918년 다음 해인 것을 보고, 당시 독일인들이 원하는 평화는 상대방을 제압하는 상태를 뜻했음을 깨달았다. 이 수사자 동상은 절대로 지지 않던 프로이센 제국이 패전하며 겪었던 독일인들의 좌절, 굴욕, 패배감을 보상하는 상징물이었다. 잘 알려져 있듯 히틀러라는 괴물의 등장은 바로 이 제1차 세계대전 패배의 상처와 굴욕에서 비롯되었다.

문화의 원형을 알면 다가올 일을 알 수 있다

융은 히틀러의 제3제국이 집단 무의식에 잠재된 원형적 힘을 빌려 정권을 잡고 세계 정복 전쟁을 벌였다는 사실을 간파했다. 제1차 세계대전 이후 융은 환자들을 만나면서, 그들의 무의식 속에 '금발의 야수'라 불렸던 원형이 살아 움직이고 있음을 알아차렸다. 1930년이 되자 그 원형의 실체가 나치즘이라는 정치운동으로 구체적인 모습이 드러났다.

히틀러의 제3제국은 게르만 민족의 우월성이라는 신념에서 출발했다. 그들은 푸른 눈과 금발 머리 게르만 전사를 인류 지배의 운명을 타고난 존재로 내세웠다. 반면, 게르만족 이외의 민족들은 모두 '하등인간Untermensch'으로 규정되었고, 유대인을 비롯해 슬라브족 등 수많은 민족을 향한 가혹한 지배와 탄압을 정당화했다. 융은 히틀러가 이러한 게르만 영웅 신화를 왜곡·각색하여, 제1차 세계대전의 패배와 세계 대공황 속에서 절망하던 독일인들에게 새로운 꿈을 꾸게 만들었다고 보았다.

세계대전의 패전과 감당할 수 없는 전쟁배상금으로 인해 독일인들은 열등감과 패배감에 짓눌려 있었다. 히틀러는 이들에게 게르만 영웅 신화와 민족적 우월성을 불러내어, 그 속에 숨어 있던 야성野性을 자극했다. 그는 자신을 영웅 신화의 주인공과 동일시하며 자아 팽창에 빠졌고, 독일인들은 히틀러가 일깨운 게르만 영웅 신화에 사로잡히게 되었다.

히틀러의 놀라운 성공은 집단 무의식에 자리한 원형적 힘을 정치적으로 활용한 데 있었다. 그는 원형의 스토리텔링을 정치적 무기로 삼아 인종주의와 결합시켰고, 이는 독일 사회 전반에서 엄청난 호응을 불러일으켰다. 집단 무의식에 내재된 원형의 힘은 실로 강력했다. 철학과 음악을 사랑하던 독일인들이 순식간에 전쟁 기계로 변모한 모습이 그 증거였다.

융 심리학은 한 인간, 문화, 더 나아가 국가를 불행으로 이끌 수 있는 수많은 환영을 꿰뚫어 보았다. 한 사람, 한 집단, 한 국가가 비정상적이고 때로는 파괴적인 행동을 하며 고통 속에서 허우적대는 이유는, 집단 무의식 속 원형에 사로잡혀 맹목적으로 움직였기 때문이다. 개인이나 문화, 국가를 지배하는 원형을 알게 되면 그 사람이나 문화의 내면에서 어떤 일이 일어나는지를 파악할 수 있다. 나아가 앞으로 어떤 일이 발생할지도 예측할 수 있다.

원형은 새롭게
만들어지기도 한다

우리 시대는 어떤 원형적 힘이 작동하고 있을까? 지금 한국과 전 세계를 움직이는 근원적이고도 심리적인 힘은 무엇일까?

오늘날 한국을 비롯해 중국, 일본을 비롯한 동아시아 국가들은 유례없는 막대한 부를 축적하고 있다. 오랫동안 세계의 부를 독점하던 미국과 유럽에서 이제는 아시아로 중심이 옮겨간다. 그렇다면 선진국 반열에 오른 한국인들의 정신에 영향을 미치는 원형은 무엇일까?

나는 1997년 IMF 외환위기라는 국가적 재난이 닥쳤을 무렵 독일로 유학을 갔다. 한국 역사 속에서도 가장 어두웠던 시기 중 하나로, 국민 모두가 깊은 패배감과 무기력에 빠져 있던 때였다. 그러나 2002년 한일 월드컵을 맞이하면서 한국인들이 경험한 승리의 감격, 무엇보다 뜨거운 응원의 함성은 식민 지배, 분단, 전쟁, 경제 성장, IMF 위기까지 그 모든 어려운 과제를 극복한 한국인들이 드디어 누릴 수 있게 된 자신감의 표출이었다.

최근 전 세계를 휩쓰는 K-컬처 열풍에도 이 같은 자신감이 녹아 있다. "한국에서 통하면 세계에서도 통할 수 있다"라는 놀라운 자신감은 한국인에게 더 큰 꿈을 꾸게 만든다. 나는 이 자신감이 단순히 과거의 화려한 시절로의 회귀가 아니라, 완전히 새로운 원형을 창조하는 과정이라고 생각한다.

그동안 우리의 현대사는 조금도 만만하지 않았다. 수많은 갈등과 대립, 혼란은 '다이나믹 코리아'라는 정체성을 형성할 정도로 쉽지 않은 여정이었다. 하지만 지금 우리는 한반도의 오랜 역사 속에서 새로운 원형적 흐름을 만들어내는 창조적 세대임이 분명하다. 원형은 언제나 과거로부터 내려오지만은 않고, 언제든 새로이 만들어지기도 한다.

질서와 무질서의 대극이
변화를 촉진한다

> 카를 융이 지적하기를, 제1·2차 세계대전과 같은 길고 복잡한
> 전쟁을 벌이려면 세련되고 규범화된 사회가 필요하다. 전투를
> 고도로 발달시킨 것은 바로 문명화된 우리들이다.
> 위대한 문명을 이룩하면 할수록 그 자체의 파괴성도 증가한다.
> _로버트 존슨,《당신의 그림자가 울고 있다》

숲은 오랜 세월을 거쳐 완성된 생태계로 나아간다. 소나무 그늘에서 자라던 참나무는 시간이 흐르며 더 크게 자라 소나무 세력을 밀어낸다. 그렇게 숲에서 소나무 시대가 저물고 참나무 시대가 열린다. 이후 참나무의 일종인 서어나무가 군락을 이루는 숲으로 나아가며, 식물학자들은 이런 숲을 가장 안정된 숲, '극상림'이라고 말한다.

하지만 모든 생태계가 완벽한 질서를 달성하는 듯 보여도, 동시에 다시 무질서로 돌아가려는 경향성을 지닌다. 엔트로피의 법

칙⁺에 따르면 극상림(종수가 많지 않은 생태계로 이루어진 숲의 안정적 단계) 또한 돌발적인 산불이나 홍수와 같은 재해를 통해 황폐해지어 숲의 질서가 깨지게 된다. 숲의 질서가 깨지면 그동안 안정적으로 유지되던 위계도 사라진다. 위계의 맨 밑바닥에 있던 식물들에게는 새로운 기회가 열린다. 쇠퇴한 서어나무들 대신 수많은 나무들이 기회를 잡기 위해 치열한 경쟁을 벌인다.

질서와 무질서는 순환한다

레비스트로스Claude Lévi-Strauss는 인간 사회의 역사를 질서와 무질서라는 두 대극의 힘이 만들어낸 과정이라고 보았다. 그는 본질적으로 사회를 무질서라고 보았다. 겉으로는 사회가 질서를 향해 나가는 듯 보이지만, 사실은 무질서를 향해 나간다. 인간 사회 역시 자연의 법칙에 속해 있으며, 문화란 인간이 만들어내는 거대한 질서이다. 그러나 문화는 질서를 지향하면서도 동시에 무질서를 함께 키운다.

예를 들어 미개사회는 문명사회보다 질서가 덜하지만, 그만큼 무질서도 적게 만들어낸다. 반면에 고도의 문명사회를 이룬 도시는 진보의 크기만큼 많은 무질서를 낳는다. 이렇게 오랫동안 축적된 무질서는 융이 말한 에난치오드로미아 현상, 즉 대극의 반전을 불러온다. 코스모스(질서)와 카오스(혼돈)의 반복은 자연 생태계뿐만 아니라 우주 전체로 확대되고, 나아가 인간의 역사와 개인에게도 확대된다.

질서와 무질서의 대극은 변화하며 순환한다. 세상은 끊임없이 변화한다. 질서와 무질서의 순환성은 마치 오르막이 있으면 내리막이 있다는 말과 유사하다. 중년은 인생의 오르막과 내리막의 대극 속에서 수많은 모순적인 요소들을 품는 시기다.

오늘날 치열한 경쟁 사회 속에서 수많은 기업이 떠올랐다가 사라진다. 한때 세계를 지배하던 기업들의 주된 몰락의 원인은 언제나 똑같다. 바로 변화에 뒤처지고, 혁신에 실패했기 때문이다. 그런데 놀랍게도 모든 산업 분야에서 기업의 몰락을 이렇게 동일하게 진단한다.

**변화의 파도 속에서
균형을 찾다**

우리 시대의 정체성은 '경쟁'이다. 경쟁은 진보와 퇴보라는 두 대극을 만들며, 우리 사회를 지탱해주는 원동력이 된다. 진보에 성공한 개인이나 기업은 달콤한 성과를 얻지만, 변화에 실패한 개인이나 기업은 쓸쓸히 뒤안길로 사라져간다. 어느 한 분야가 블루오션으로 인식되는 순간, 그곳은 더 이상 블루오션이 아닌 치열한 경쟁이 벌어지는 레드오션이 된다. 변화의 순환은 너무 빠르고 급격하게 오지만 제대로 준비한다면 위기는 언제든 새로운 기회가 될 수 있다.

심리학에서도 카를 융은 변화의 과제를 강조했다. 변화는 기업만의 문제가 아니라 개인에게도 주어진 숙명과 같은 삶의 과제이다. 특히 중년은 그동안 익숙해진 환경에서 벗어나 변화를 요구받는 시기다. 또한 무의식에서 올라오는 수많은 긴장과 갈등이 가장 높아지는 때로, 내면으로부터 변화를 요구하는 시기이다. 언제나 그렇듯이 변화에 적절한 적응과 도전은 풍요로움을 제공하지만 그렇지 않으면 삶은 정체되고 혼란에 휩싸이게 된다.

융은 만약 꿈속에서 비가 내린다면, 해결을 의미하며 의식과 무의식 사이의 극한 긴장이 풀린다고 말했다. 이러한 꿈은 일상에서 의식과 무의식이라는 대표적인 두 개의 대극이 만들어내는 긴장과 갈등이 완화됨을 나타낸다. 특히 중년에 자주 나타나는 전형적인 상징으로, 내적 변화를 알리는 메시지이기도 하다.

나는 중년을 지나면서 비로소 깨달은 것이 있다. 애쓰고, 참고, 억누르고, 더 노력하는 방식으로는 중년이 요구하는 변화에 적응할 수 없다는 것이다. 이제는 기존의 방식이 아닌 전혀 다른 접근이 필요하다. 왜냐하면 억압과 인내만으로 버티는 방식은 결국 엄청난 엔트로피, 즉 무질서를 축적하는 삶이 되기 때문이다.

중년은 유년기와 청년기처럼 단순히 환경에 나를 적응시키는 시기가 아니다. 오히려 그동안 소홀히 다루었던 내면을 돌아보아야 할 시기이다. 지금까지 살아오면서 한쪽으로 지나치게 치우쳤던 삶의 일방성을 조정하고, 균형을 회복하며, 새로운 변화에 도전하고 적응하는 시기가 바로 중년이다.

♦ 엔트로피는 열역학 제2법칙이라고 한다. 우주는 점점 시간이 갈수록 무질서의 정도가 증가한다는 이론이다. 과거 인간들은 태양계의 에너지원인 태양이 영원하다고 믿었으나 태양 역시 시간이 흐르면 결국 빛을 잃어버리고 소멸한다. 에너지를 다 소모한 태양은 초신성이 되어 빅뱅을 일으키고 다시 우주의 먼지로 돌아간다. 태초의 혼돈에서 시작된 세계는 다시 태초의 혼돈으로 돌아가는 것이다. 엔트로피가 증가한다는 뜻은 정보의 감소 즉, 불확실성이 증가함을 말한다. 엔트로피가 감소한다는 뜻은 정보가 늘어 불확실성이 감소함을 말한다. 엔트로피의 증가는 시간과 본질적으로 같다. 우주 전체를 자기조직 시스템으로 간주한다. 이 시스템 안에서 코스모스, 카오스가 반복한다.

3장

무의식은 삶의 비밀을 알고 있다

누구나 마음속에
원시인이 있다

> 현대인의 마음에서 이뤄지고 있는 사고과정을 설명하길 원한다면, 과거를 보지 않고 현재만 보아서는 절대로 결실을 거두지 못한다.
> _카를 융, 《꿈의 분석》

> 현실에 잘 적응하길 원한다면, 당신은 과거로부터 멀찍이 떨어져 있어야 한다.
> _카를 융, 《니체의 차라투스트라》

카를 융이 말하는 무의식은 대단히 오래된 것이다. 무의식이 표출되는 꿈에서 현재의 경험보다는 오래 전 과거의 경험이 주요 무대일 경우가 많다. 우리 일상에서 가장 많이 이용하는 물건이라면 당연히 스마트폰이다. 그런데, 꿈속에서 스마트폰이 얼마나 등장했는가? 생각보다 거의 등장하지 않는다. 그 대신 꿈의 배경은 현재보다 오래전에 일어났던 일과 과거의 어떤 시점을 기반으로 이루어질 때가 많다.

우리 한국인들은 대부분 '좋은 꿈은 행운으로 이어진다'고 믿는다. 예를 들어, 심마니가 귀한 산삼을 발견할 때 좋은 꿈을 꾸었다는 말이나 복권에 당첨될 때 의미 있는 꿈을 꾸었다는 이야기를 많이들 한다.

행운을 부르는 좋은 꿈에는 '똥 꿈'이 있다. 똥은 꿈속에서 불결한 배설물을 상징하지 않는다. 도리어 돈으로 해석되는 경향이 있다. 나는 이러한 꿈 해석이 늘 궁금했는데, 오래전 남해군을 여행하며 해결되었다.

남해군은 다랭이논으로 유명한 곳이다. 그곳에서 오랫동안 농사를 지어온 한 어르신은 "우리 다랭이논에 의지해서 살아온 조상님들은 전라도 사람들의 똥을 먹고 살았습니다"라고 말했다. 이어서 말하길, "과거에는 봄철 농사를 시작할 때가 되면 가까운 여수로 배를 타고 가서 똥을 사와서 그것을 아궁이에서 나온 재와 섞어서 거름을 만들어 농사를 지었다"라고 했다. 오늘날 똥은 폐기물이지만, 과거에는 비료를 만드는 소중한 재료였다. 농경문화에서 일 년 농사는 생사를 결정짓는 생계 수단이므로, 과거에도 지금도 거름은 중요하다. 그 거름의 중요한 요소가 똥이다. 똥은 조선뿐만 아니라 주변 아시아 국가들에서 귀하게 취급되며 현금으로 거래되었다.

우리 안에 남은
오래된 시간들

　융은 사람들이 원시시대에서 고대, 중세, 근대 그리고 현대까지 발전해왔지만, 우리 마음속 깊은 무의식에는 여전히 그 옛날의 흔적이 남아 있다고 보았다. 오늘날 현대인의 일상 속에서 원시인이나 고대인, 중세인의 모습을 직접 찾아보기는 어렵다. 하지만 융은 정신의 세계에서는 다르다고 생각했다. 우리 정신 안에서는 원시인과 고대인, 중세인과 근대인, 현대인이 명확한 구분 없이 함께 존재하고 있다고 보았다. 겉으로는 인간이 눈부시게 문명을 발전시켜 왔지만, 마음속 깊은 곳에서는 여전히 아주 오래전의 모습을 지니고 있다고 생각했다. 이것은 동물과 크게 다르지 않던 원시시대의 모습부터 지금 현대의 모습까지 우리 안에 그대로 함께 존재한다는 뜻이다.

　융의 이러한 생각은 그가 정신적 문제로 고통받는 많은 환자들을 치료하면서 구체화시킨 결과였다. 융은 내면의 갈등과 신경증으로 고통받는 환자들이 단순히 그들이 처한 현재 위기에서만 비롯된 문제가 아니라는 사실을 통찰하게 된다. 환자들의 정신 속에는 원시시대와 고대 그리고 중세와 가까운 19세기의 내용들이 존재하며, 이것들이 환자들의 내면에서 대극의 긴장과 갈등을 야기한다는 사실이 관찰되었다.

우리가 오랜 역사를 지나 정교하고 발달한 현대 문명을 만들었다는 것은 사실이다. 그런데 '우리 안에 원시인이나 고대인, 중세인이 있다'라는 말은 의아하게 들릴 수 있다.

여기서 융이 말하는 것은 우리가 평소 자각하는 의식의 차원 이야기가 아니다. 의식 아래에 있는 무의식, 특히 인류가 함께 공유하는 집단 무의식 속에 과거 시대의 흔적이 남아 있다는 뜻이다.

**무의식은 수천 세대를 거쳐
공유된다**

아들이 중학교 2학년 때의 일이다. 어느 날 아침, 아들은 이상한 꿈을 꾸었다고 말했다. 토끼와 자기가 결혼하는 꿈을 꾸었다는 것이다. 나는 아들의 말을 듣고 깜짝 놀랐다. 동물은 집단 무의식에 속하는 전형적 상징의 표상이다. 꿈에서 보는 동물은 수천 세대를 거쳐 일정한 의미를 보존하며 내려온 것이다.

서양에서 토끼는 기본적으로 '다산多産'을 상징한다. 다산하기 위해서는 그만큼 많은 교미를 해야 하기에 토끼는 사랑의 여신 아프로디테를 상징하는 동물 중 하나가 되었다. 동양에서는 토끼가 달나라에 산다고 믿었다. 그곳에서 토끼 암수 한 쌍이 사이좋게 방아를 찧는다고 믿었다. 달나라에 사는 토끼는 금실 좋은 부부관계를 상징하는데, 특히 방아를 함께 사이좋게 찧는다는 것에는 부부의 속궁합이 잘 맞는다는 의미도 내포되어 있었다. 놀랍게도 토끼는 서양과 동양에서 모두 성적인 사랑을 의미하는 동물이다.

아들의 꿈속에 등장한 토끼는 아마도 아들이 좋아하던 여학생을 의미할 것이다. 꿈은 모든 것을 상징으로 변형시키는데, 아들은 꿈속에서 무의식중에 그 여학생을 수천 세대를 내려온 사랑의 상징인 토끼로 바꾸었다. 아들이 '토끼=사랑'이라는 것을 머리로 알아서 그렇게 표현한 것이 아니다. 전적으로 무의식의 작용이다. 직접 경험해서 생긴 개인의 무의식이라기보다는 인류가 오랜 세월 동안 공유해온 집단 무의식의 흔적이 드러났다고 보인다. 이처럼 우리 마음속 깊은 곳에는 수천 세대를 거쳐 내려온 상징과 흔적들이 여전히 살아 있다.

우리는 인생의 주인이
아니다

> 인간은 그가 자신의 주인이 아니라는 것을 알아야 한다.
> 운명의 실제 지배자로 보이는 심리 세계의 다른 면을 세심하게
> 공부해야 한다는 사실을 배워야만 한다.
>
> _카를 융, 〈미구엘 세라노에 보낸 편지〉

우리는 언제 무의식의 존재를 알아차리는가? 보통은 꿈을 꾸고 난 후나 이유를 알 수 없는 실수를 저질렀을 때 또는 무언가에 홀려서 내가 아닌 것 같았다는 느낌을 받을 때 그럴 것이다.

20세기가 시작되기도 전에 무의식을 제일 먼저 발견한 사람은 프로이트이다. 프로이트는 꿈이 우연의 산물이 아니라 무의식의 표상임을 알았다. 우리 정신생활의 극히 작은 일부분인 의식은 마치 빙산 위에 떠 있는 일각과 같다. 무의식은 수면 밑에 숨겨진 빙산의 본체와 같고 정신생활의 몸통에 해당된다. 겉으로 드러나

있지 않기에 쉽게 접근하기가 어렵다.

그래서 무의식에는 그냥 직접 닿을 수 없고, 상징이라는 언어를 통해서만 접근할 수 있다. 프로이트는 꿈을 상징적인 언어로 구성된, '무의식으로 가는 지름길'이라고 표현했다. 그런데 무의식은 꿈에서만 드러나지 않고, 우리가 무심코 하는 실언(말실수)이나 작은 실수, 즉 의도하지 않았던 행동 속에서도 튀어나오기도 한다. 신경증 같은 형태로도 드러나는데, 이런 것을 해석하는 과정이 바로 심리치료의 시작점이다.

별처럼 빛나는 무의식의 지도를 발견하라

프로이트와 그의 스승이었던 의사 요제프 브로이어는 히스테리나 이유 없는 통증 그리고 이상 행동 같은 신경증이 사실은 단순한 증상이 아니라, 꿈처럼 상징적인 의미를 담는다는 사실을 처음 알아냈다. 무의식은 꿈으로 나타나는 것처럼 신경증을 통해서도 자신을 드러낸다. 예를 들어, 어떤 환자가 받아들이기 힘든 상황에 부딪히자 음식을 삼키지 못하는 증상을 보였다. 또 어떤 환자는 심리적으로 너무 답답한 상황을 겪을 때마다 천식 발작을 일으켰는데, 이는 집안의 '공기(분위기)'를 들이마실 수 없다는 무의식의 표현이었다. 이처럼 신경증은 단순히 몸의 문제가 아니라,

억눌린 욕망이나 상처가 무의식 속에 숨어 있다가 드러난 결과다. 그 원인을 찾아내고 무의식에 억압된 욕망과 트라우마를 해소해야만 증상을 해결할 수 있다.

카를 융은 정신을 개인적 의식, 개인적 무의식, 집단적 무의식으로 구성된다고 보았다. 여기서 개인적 무의식은 프로이트가 말하는 무의식이다. 프로이트의 무의식은 마치 정리되지 않은 서랍과 같다. 그 안에는 한 개인이 억누르고 숨겨온 욕구들이 어지럽게 들어 있다. 동시에 무의식은 가족 앨범처럼 개인이 성장 과정에서 겪었던 기억과 흔적들이 보관된 세계이기도 하다.

융의 집단 무의식은 프로이트의 개인 무의식의 확장판으로 이해된다. 이것은 수천 세대를 거쳐 인류가 전달해온 기억들인 '원형'을 형성한다. 원형은 꿈속에 나타나는 상징들 속에서 발견되며, 인간이 성장하는 길을 비추는 안내자 같은 역할을 한다. 우주가 수천만 개의 성운과 은하로 이루어져 있듯, 무의식이라는 거대한 세계 안에도 별처럼 무수히 많은 원형들이 존재하며, 그것들이 모여 우리의 무의식을 이룬다.

원형은 인간 행동, 출생, 결혼, 모성애, 죽음, 상실처럼 필수적이고 보편적인 경험들을 둘러싼 행위들에서 발견된다. 이러한 인간 행동들은 인간 심리 자체의 구조와 밀접하게 연결되며 그림자, 페르소나, 아니마, 아니무스 등과 같은 원형들에게서 구체적으로 영향을 받는다. 프로이트가 말하는 개인 무의식의 내용물은 한 사람이 살아가면서 겪고 배우는 경험들, 억눌린 욕망이 쌓여 만들어진다. 즉 개인의 삶 속에서 후천적으로 생겨난다. 반면에 융이 말하는 집단 무의식은 인류가 처음부터 가지고 태어난 원형들이다. 그 속에는 보편적이고 오래된 심리 구조가 들어 있다.

그리스 신화 속에 그 실마리가 있다

융은 스위스 시골 마을 목사의 아들로 태어나서 평생 동안 자연을 사랑했다. 그는 어릴 때부터 농촌 마을에 전해 내려오던 난쟁이, 요정, 유령 같은 초자연적인 이야기들을 들으면서 자랐다. 나중에 융은 이런 전설이나 민담이 단순히 미신이나 허무맹랑한 이야기가 아니라, 인간의 마음 깊은 곳(무의식)을 이루는 공통된 이야기의 틀, 즉 원형을 담고 있다는 사실을 알게 된다.

그리스 신화 속 영웅 이야기는 원형적 이야기를 담은 대표적 사례다. 그리스 신화 속 영웅들은 모험을 위해 미지의 세상으로 여행을 떠난다. 이들이 미지의 세상에서 공통으로 대적하는 대상은 괴물이다. 오디세우스가 싸운 세이렌, 페르세우스가 싸운 메두사, 헤라클레스가 물리친 머리가 여섯 개 달린 물뱀 히드라가 대표적이다. 영웅들은 반드시 괴물을 물리쳐야만 보물을 얻을 수 있다. 이야기에서 나오는 뱀과 용은 영웅의 대극이다. 심리학에서 뱀 또는 용으로 대표되는 괴물들은 인간의 무의식을 상징한다. 신화 속의 괴물들과 싸우고 물리치는 영웅은 인간 의식을 상징하며, 의식의 발달과정 속에서 무의식은 극복해야만 하는 것으로 해석된다. 따라서 신화 속 영웅이 괴물과 싸워 이기는 이야기는 인간의 의식이 무의식 속 두려움과 무지(알지 못함)에서 벗어남을 의미한다.

우리는 무한한 세계에 사는 영웅이다

의식의 주인은 우리 자신이다. 반면에 무의식의 주인은 우리 자신이 아니다. 내 마음속에 있지만 내가 알지 못한다. 통제할 수 없는 영역이기에 그만큼 무지와 공포, 두려움의 영역이다. 매일 밤 인간은 잠을 자면서 무의식에 빠져든다. 어떤 사람은 5분의 1, 또는 3분의 1 아니면 2분의 1 정도는 무의식 상태로 산다. 의식과 무의식은 대극이지만 모든 것들이 무의식을 거쳐 의식으로 나타난다. 아이는 무의식에 더 큰 영향을 받지만, 성인이 되면 의식의 영향이 커진다.

오늘날 심리학에서 말하는 건강하고 균형 잡힌 사람은 자기 자신을 똑똑히 알고, 스스로를 다스릴 수 있는 자아의식이 잘 발달한 사람이다. 이런 사람은 무의식의 세계로 대표되는 신화 속 영웅이 뱀이나 용과 싸워 이긴 것과 같다. 그래서 심리학적으로 보면, 자기 내면이 건강한 사람은 현대 사회 속에 살아 있는 또 하나의 영웅이라고 할 수 있다.

융은 의사이자 임상심리학자로서 환자들을 바라볼 때, 그들이 단순히 병에 걸린 사람이 아니라 인생에서 큰 갈등(대극적인 문제)에 부딪힌 사람이라고 이해했다. 환자들은 자신 앞에 놓인 대극을 자신의 의식적인 힘만으로는 해결하지 못했고, 그래서 결국 치료를 받으러 왔다.

융은 환자들의 무의식을 탐구하면서, 무의식이 단순히 비어 있거나 없는 세계가 아니라 다 알 수 없는 미지의 세계이며, 끝이 없고 항상 살아 움직이는 무한한 영역임을 발견했다. 고대인들은 이런 무의식을 이해하기 어려워서 그것을 본능적으로 두려워했고, 그래서 뱀이라는 상징으로 표현했다. 뱀은 고대인에게 있어 근원적인 공포의 상징이었다. 오늘날 마음의 병으로 고통받는 사람도 사실은 자기 인생의 모험 속에서 대극인 뱀 또는 용과 힘겹게 싸우는 또 한 명의 영웅과 같은 존재이다.

무의식은
삶의 균형을 요구한다

상반된 것들을 담아내지 못하는 삶은 그냥 직선의 삶일 뿐이며,
그런 삶은 마치 호흡을 하지 않는 것이나 마찬가지이고
삶을 살지 않는 것이나 다름없다.

_카를 융,《꿈의 분석》

심리학에서 수면은 '내면의 계기판'으로 불린다. 내면이 요동치고 혼란스러울 경우, 수면장애가 나타난다. 이 경우 아무리 노력해도 쉽게 잠을 잘 수 없는 증상을 보인다. 내면이 혼란스럽다는 말은 내면에 존재하는 대극들이 긴장과 갈등을 일으킨다는 뜻이다.

카를 융은 인간의 고통 속에서 서로 반대되는 힘인 대극을 발견했다. 그는 이런 대립과 긴장이야말로 인간 정신이 움직이고 살아가는 데 꼭 필요한 기본 조건이라고 보았다. 즉 정신 활동은 언제나 '대립하는 두 힘'이 있어야만 가능하다.

사랑과 미움, 아름다움과 추함, 선과 악, 남성과 여성, 내향과 외향, 전진과 후진 등 수많은 대극이 있다. 살면서 사람들은 여러 대극 간의 긴장과 갈등에 휘말린다.

**개와 고양이가
보내는 메시지**

융은 동물을 '무의식의 자아'라고 말한다. 꿈속에 등장하는 동물은 우리 내면의 자아를 표현한다. 동물들은 수천 세대를 거쳐 인간과 살아왔고, 인간은 그 안에 일정한 의미를 부여해왔다.

우리 내면을 보여주는 대표적 동물 중 두 동물은 고양이와 개다. 꿈속에서 고양이를 봤다면 상징적인 의미가 있다고 해석할 수 있다.

전 세계 모든 고양이의 고향은 이집트이다. 고대 이집트인들에게 고양이는 독립과 자유를 상징했다. 고양이는 인간에게 길들여진 동물인 동시에 야생 동물의 본성을 보여준다. 고양이는 보은하는 동물인 동시에 반드시 복수하는 동물로 여겨졌다. 조선시대 때는 고양이를 3년 이상 키우려 하지 않았다고 한다. 요물이 되어 반드시 주인에게 복수한다는 두려움이 원인이었다. 반면에 반드시 은혜를 갚는 동물도 고양이였다. 그러다 보니 고양이는 선과 악, 두 가지의 이중성을 내포하는 대극적 의미를 품은 동물이었다. 키우는 고양이가 주인에게 아주 반갑게 오는 행위는 전적으로 고양이의 자유이다. 고양이는 자신이 판단해서 주인에게 갈지 안 갈지 결정한다. 따라서 고대로부터 자유와 독립, 개인주의를 나타내는 전형적인 동물이다.

융의 제자였던 폰 프란츠도 꿈에 나타나는 고양이는 단순한 동물이 아니라, 특정한 의미를 지닌 상징이라고 보았다. 즉 무의식이 고양이라는 상징을 빌려서 나(의식)에게 메시지를 보내는 것이다. 그 메시지는 '지금 내 삶에는 고양이처럼 자유롭고 독립적인 태도가 필요하다'라는 뜻이다.

그 말은 곧, 현재 내가 견공처럼 살고 있다는 점을 일깨우려는 보상적 메시지이다. 다시 말해 개가 지나치게 주인에게 길들여져 의존하듯이 우리가 무언가에 매어서 살고 있다는 사실을 일깨워 준다. 개는 길들여져서, 복종하고, 의존하는 동물이다. 우리의 무의식은 균형을 이루길 원하고 너무 한쪽으로 치우치기를 원하지 않는다. 내면적으로 또는 외면적으로 균형을 맞추고 싶어 한다. 균형을 맞추기 위해서 무의식이 우리에게 고양이의 꿈으로 나타나 알려준 것이다.

조화로운 삶을 위해
무의식이 하는 말에 귀 기울여라

그렇다면, 개가 나오는 꿈은 어떤 의미일까? 개는 충성과 복종, 협력, 의존, 집단주의를 의미한다. 꿈속에 개가 나오는 것을 가볍거나 하찮게 여기면 곤란하다. 실제로 개가 나오는 꿈은 대단히 의미심장하다. 바로, 현재의 내가 너무 고양이처럼 살고 있다는 사실을 무의식이 알려주는 것이다. 이럴 때는 내가 삶에서 소속감, 친밀감, 의존성, 애착과 연대감이 너무 부족하다는 사실을 깨달을 필요가 있다. 무의식으로부터 사람들과 어울리고 그들과 소속감과 의존, 연대감을 이루며 살아가야 한다는 메시지를 받은 것이다. 현재 내 삶이 지나치게 한 방향으로 치우쳐 있다면, 그 불균형을 조정하여 균형을 맞추라는 메시지가 고양이와 개의 꿈으로도 나타날 수 있다.

고양이가 상징하는 자유·독립·개인주의와 개가 상징하는 충성·의존·협동·집단주의는 모두 우리 삶에 꼭 필요하다. 중요한 것은 둘 중 하나만 붙잡고 사는 태도가 아니라, 어느 한쪽으로 치우치지 않고 두 가지를 조화롭게 맞추며 살아가는 모습이다.

중년에는
무의식의 반격이 시작된다

우리가 살고 있는 세상의 격변과 우리의 의식에 나타나는
격변은 하나이고 똑같다.

_카를 융, 《영혼을 찾는 현대인》

어느 날, 지인으로부터 안 좋은 소식을 들었다. 지인은 50대 후반의 나이에도 대기업에서 아직 잘 버티고 있었다. 그런데 최근에 코인 사기로 그동안 모아두었던 돈을 다 날려버렸다. 처음에는 이익이 나서 남은 돈을 모두 투자하였다가 결국 잘못되어 큰 어려움에 처하게 되었다.

지인은 자기가 왜 이런 말도 안 되는 사기에 넘어가서 재산을 탕진했는지, 뭔가에 홀린 것 같았다고 했다. 그는 쉽게 사기에 넘어갈 사람이 아니었다. 매사에 철저하고 냉정하게 분석하는 뛰어

난 현실 감각을 가졌는데 말 그대로 이해할 수 없는 행동에 스스로 빠져든 것이다.

요즘 사기성 사건에 휘말려 재산을 탕진하는 일이 흔하게 일어난다. 중년까지 성실히 살아온 사람들이 갑자기 자신답지 않게 어처구니없는 일에 휘말려 어려움에 빠지기도 한다. 이것을 단순히 운이 나빴다거나 순간의 실수라고만 보기는 어렵다.

프로이트는 우리의 의식은 믿을 만하지 못하고, 사실은 무의식이라는 거대한 영역에 지배받는다는 사실을 발견했다. 우리는 어떤 결정을 내리거나 판단할 때 의식적으로 선택한다고 생각하지만, 실제로는 무의식의 깊은 관여를 받는다.

카를 융은 이 점을 이어서, 무의식에 있는 모든 것은 결국 외부에 드러나 사건이 되려 한다고 말했다. 우리가 의식적 영역에서 판단한다고 믿지만 무의식에서 올라오는 충동과 욕구에 이끌린다면 의식적 판단은 오염된다. 결국 현실적 판단을 내리지 못하는 경우가 발생한다.

**인생에 찾아온 혼란은
무의식의 산물이다**

중년이 되면 무의식이 만들어내는 혼란과 동요가 그 어느 때보다도 강하게 밀려온다. 이것은 단순히 개인의 경험에서 비롯된 무의식이 아니다. 프로이트가 말한 수천 세대를 거쳐 내려온 집단 무의식이 그 배경이다. 집단 무의식은 개인의 시간과 경험을 초월해서 존재하며, 융은 이 역사가 무려 300만 년 이상 된다고 말했다. 즉 집단 무의식 속에는 인간 발달의 역사가 그대로 담겨 있다는 뜻이다.

집단 무의식을 가장 쉽게 만날 수 있는 곳은 신화와 민담이다. 융은 '신화가 과학보다 정확하다'라고 말했는데, 현대인에게 이 말은 쉽게 받아들이기 어렵다. 우리 현대인은 과학의 시대를 살아가고 있으며, 삶의 많은 진보가 과학 덕분에 이루어졌다고 생각하기 때문이다. 반면 신화는 우리에겐 너무 멀리 떨어져 있는, 철이 지나 폐기처분이 된 옛이야기처럼 여겨진다.

그런데 바로 여기서 융 심리학의 핵심과 만날 수 있다. 융은 현대인의 많은 심리적 문제는 신화를 잃어버린 데서 비롯된다고 보았다. 옛사람들은 신화와 민담 속에서 살았고, 그것을 통해 살아 있는 무의식과 연결되어 있었다.

융은 신화와 민담을 단순한 옛이야기로 보지 않았다. 그는 신화와 민담을 옛사람들의 무의식의 원형이 담긴 그릇으로 보았다. 그 속에는 인간에게 꼭 필요한 경험과 패턴들이 들어 있고, 그것은 오늘날에도 사람이 성장하고 발달하는 과정에서 반드시 필요한 것이라 생각했다.

무의식을 외면할 때
찾아오는 위기

무의식이 우리에게 이로움을 주는지 아닌지는 무의식과 어떤 관계를 맺고 있느냐에 달려 있다. 자아와 무의식 사이에 틈이 벌어져 있다면 의식과 무의식 사이에 긴장과 갈등이 발생할 수밖에 없다.

융이 말하는 건강한 삶은 무의식을 외면하지 않고 오히려 의식의 일부로 확대시키는 것이다. 하지만 무의식으로부터 멀어진 삶을 사는 사람은 그만큼 무의식의 영역이 지나치게 비대해지고, 의식에 속한 자아는 확장되지 못한 채 고립된다. 의식과 무의식의 대극 사이에 발생하는 긴장과 갈등은 의식에 속한 자아가 커져서 생기는 일이 아니라, 오히려 자아가 충분히 성장하지 못해 제한된 삶을 사는 데서 생긴다.

중년에 다다랐음에도 무의식이 의식으로 통합되지 못하면 여러 증상과 문제가 발생한다. 사고와 행동에서 융통성이 사라지고 편협하고 제한된 삶의 방식에 이끌린다. 여기에는 한국사회의 고질적인 문제인 극단적인 편향성도 포함된다.

무의식과 단절되면 결국 삶의 의미와 목적에도 영향을 미친다. 살아가는 일조차 무미건조하게 느껴진다. 중년에는 특히 삶의 의미와 목적을 잃는 문제가 크게 다가온다. 이로 인해 중독에 빠지거나, 관계가 악화되거나, 우울하고 화만 내는 이상한 사람으로 보이게 된다. 이러한 상태가 길어지면 결국 인격 전체에 영향을 주어 삶이 평온하지 못하고 위험해질 수 있다.

Giulio Romano, ‹Fall of the Giants›

신화는 원형들의 교과서이다.
당연히 신화는 합리적으로 설명되지 않으며,
그림책이나 이야기책처럼 그저 펼쳐질 뿐이다.

_카를 융, 《니체의 짜라투스트라》

신화는
의인화된 무의식이다

―― 본능을 무시하는 사람은 누구나 본능으로부터 매복 공격을
당하게 된다.

_카를 융, 《원형과 집단 무의식》

신화에 등장하는 신들은 사실 집단 무의식의 원형이 의인화된 존재이다. 예를 들어, 예전에 북유럽 사람들이 믿었던 오딘이라는 신은 이제 더 이상 신으로 받들어지지 않는다. 하지만 오딘이 상징하던 현상 자체는 여전히 남아 있다.

카를 융은 제2차 세계대전 당시 독일 나치 추종자들의 모습에서 오딘을 보았다. 그들은 오딘이 상징했던 격노와 광란을 그대로 드러냈다. 융은 이를 통해 고대의 신들은 죽지 않고 여전히 활력과 자율성을 유지하고 있다고 말했다.

오늘날 고대의 신들은 집단 무의식 속에 잠들어 있지만, 특정한 조건이 만들어지면 다시 세상 밖으로 그 모습을 드러낼 수 있다. 사람들이 무의식의 신들에 사로잡히면 불안장애, 공포증, 강박증과 같은 신경증 증상을 보인다. 그렇게 증상을 통해 신들은 모습을 드러낸다.

그리스인들을 비롯한 고대인들은 인간 무의식 속 대립되는 힘과 긴장을 신으로 의인화했다. 그들은 신화에서 무의식의 작용을 알아차렸던 것이다. 예를 들어, 전쟁의 신 아레스는 전쟁과 피에 굶주린 원형적 패턴이다. 우리가 전쟁의 북소리를 들으면서 피가 끓어오르는 공격성을 느끼는 것도 인간 본성의 일부이다. 전쟁은 격정, 흥분, 두려움을 일으키는 가장 근원적인 활동이기도 하다. 인간의 이러한 무의식적 욕구는 의인화된 전쟁의 신으로 구체화된다.

신들의 분노와
인간의 무의식은 닮았다

아레스는 비합리적이고 다혈질적인 성격을 지닌 원형적 힘이다. 그는 쉽게 흥분해 소란과 다툼을 일으킨다. 이성적 사고나 합리적인 계획이 없이 즉흥적이고 다혈질적인 분노와 폭력에 휩싸이는 모습을 보여준다. 인간은 문명을 거쳐 본능을 억제하고 통제하는 방법을 배우지만 아레스는 우리 안에 여전히 존재하는 동물적 본성을 의미한다. 아레스는 인간 내면의 파괴적 충동과 갈등을 나타내는 무의식적 상징이다.

아레스는 오늘날 우리 주변에서 쉽게 흥분하고 화를 자주 내는 사람 속에서 그 모습을 드러낸다. 또한 굉장히 감정적이고 충동적이어서 본능적으로 복수하려고 한다. 이러한 사람이 다른 사람들과 어울려 지내기는 어렵다. 학교나 직장, 사회에서 잘 적응하지 못해 일찍 그만두는 경우가 많다. 자꾸 반복되는 다툼과 갈등은 사실 특별한 이유 때문이 아니라, 순간의 기분이나 자극에 반응해서 나타나는 것일 뿐이다. 그래서 이런 사람들은 종종 문제아나 말썽꾸러기로 여겨지며 살아가게 된다.

고대 그리스인들은 이러한 모습을 보이는 사람에게 필요한 처방은 아레스 신을 섬기는 것이라고 생각했다. 그리스인들은 아레스 신에게 공물을 바침으로 신들의 질투와 분노, 저주를 불러일으키지 않으려 했다. 이러한 행위는 자기 무의식 안에 있는 아레스적인 모습을 인정하고 수용하려는 태도와 유사하다.

또 다른 예로, 고대 그리스인들은 인생의 단계와 삶의 방식에 따라 특정한 여신의 힘이 필요하다고 믿었다. 어린 소녀는 아르테미스의 보호를 받아야 했고, 결혼한 여성은 헤라를 의지했다. 집안을 아늑한 가정으로 만들고 싶은 여성은 헤스티아를 의지했고,

사랑에 눈을 뜨는 사람은 아프로디테를 숭배했다. 사랑의 여신 아프로디테는 아름다움, 사랑, 쾌락, 풍요의 여신이다.

만일 한 남성이 남성적인 권력, 돈, 힘만을 추구하고 사랑, 애착, 관계 등 아프로디테의 특성을 무시하고 살아간다면, 아프로디테로 의인화된 무의식의 분노를 살 것이다. 아프로디테의 저주는 남성이 짝을 만나는 데 실패하거나 아내와 자녀들과의 갈등 속에서 힘겹게 살아가게 한다. 또한 직장에서의 스트레스와 외로움, 공허감을 오직 성적 욕구로만 해소하려 들면서 성 중독 증상을 보이기도 한다.

심리학은 이러한 현상을 여성적인 아니마의 부분을 지나치게 무시한 결과로 해석하지만, 고대 그리스인들은 여신의 분노로 보았다. 무의식의 존재를 존중한다면 그와 친구가 될 수 있지만 무의식을 무시하면 그와 적이 되어 삶의 커다란 위기로 자기 자신을 끌고 들어간다. 이러한 면에서 신화 속 신들의 분노는 무의식이 가져오는 혼란과 유사하다.

**잃어버린 신화를
되찾아라**

고대 그리스인들은 다양한 남신과 여신으로 표현되는 원형적 힘을 숭배하고 존중했다. 그들은 이렇게 무의식적 요소를 존중하고 인정하는 태도로 심리적 균형을 이루려고 했다.

융은 오늘날 현대인들의 마음의 병이 바로 신화를 잃어버린 삶에서 비롯된다고 보았다. 융이 강조한 바는 신화를 실제 종교처럼 믿으라는 뜻이 아니라, 신화 속에 담긴 무의식 요소들과 마주하고 그것을 인정하며 심리적 균형을 찾으라는 뜻이다. 융은 이 해석으로 케케묵은 과거의 유산으로만 여겨졌던 신화를 다시 집단 무의식의 보물로 불러냈다.

무의식 요소를 인정하고 받아들이는 삶은 의식의 자아를 넓힌다. 이런 삶을 사는 사람이야말로 가장 건강한 본보기라고 할 수 있다.

신화와 전래 동화는 허구적이고 비현실적인 이야기의 구성으로 보이지만, 그 속에는 인간의 가장 원초적인 심리가 담겨 있다. 우리가 신화를 받아들일지 아닐지 여부와 상관없이 우리 안에서 신화는 지금도 살아서 작동한다.

우리의 내적 인격이 무엇을 원하고
무엇을 말하는지 주의를 기울인다면
마음의 고통은 사라진다.

_카를 융, 《기억, 꿈, 사상》

Claude Monet, ‹Woman in the Garden›

신화는
가장 오래된 치유 방법이다

> 만약 그들이 조상의 세계와 신화로 이어져 있어서 단지 바깥에서 자연을 보는 것이 아니라 자연을 진정으로 체험하는 시대와 환경에 살았더라면, 그들은 자기와의 분열을 겪지 않았을 것이다.
>
> _카를 융, 《기억, 꿈, 사상》

고대 이집트에는 오늘날처럼 뱀독을 해독할 수 있는 약이 없었다. 독사에게 물려 죽어가는 사람은 신전에서 신관의 도움을 받았다. 신관은 그들에게 태양신 '라'가 밤의 세계를 통과하며 겪는 위험과 고난을 이야기해주었다. 태양신 라는 매일 밤 혼돈과 파괴를 상징하는 거대한 뱀 아포피스와 치열한 전투를 벌였고, 이 싸움에서 승리해야만 태양이 다시 떠오를 수 있었다. 신관은 뱀독으로 죽어가는 사람에게, 태양신 라가 매일 밤 무서운 전투를 벌여 뱀을 물리치듯이 자신 역시 반드시 다시 살아날 수 있다는 믿음을 심어주었다. 삶에는 언제나 위험과 고난이 따르지만, 포기하지 않고 버티면 극복할 수 있다는 희망의 메시지를 전한 것이다.

당시 뱀독으로 죽어가는 사람에게 줄 수 있는 치료는 바로 이 '상징적 동일시'였다. 환자는 매일 밤 치열한 전투를 치르며 새로운 아침을 맞이하는 태양신 라의 상황에 스스로를 대입하며 극심한 고통을 이겨낼 힘을 얻었다.

무의식 속에 살아 있는
신들의 힘을 느껴라

고대 이집트에서 신과의 동일시 경험은 '누미노제Numinose'를 일으키기 위한 치료적 과정이었다. 융은 마음의 병을 가진 환자를 치유하는 핵심이 바로 누미노제, 즉 경외와 신비의 순간으로서 '신의 현현'을 체험하는 데 있다고 보았다. 누미노제는 인간 내면의 대극을 하나로 통합하게 만드는 근원적 치유의 힘이 된다. 이는 종교적 체험에만 국한되지 않는다. 자연, 예술, 인간관계 등 다양한 영역에서 나타날 수 있으며, 집단 무의식과 연결해 인간의 심리적 통합을 이루는 데 기여한다.

현대 사회는 과학의 발달로 감염병을 비롯한 많은 신체적 질병을 극복했지만, 종교와 신화를 잃어버린 오늘날 현대인들은 온갖 정신적 문제들을 겪고 있다. 조상으로부터 물려받은 마음의 뿌리를 잃어버린 결과, 현대인들은 방향을 잃은 듯한 공허와 불안을 경험한다.

카를 융은 일생의 중반, 즉 서른 살이 넘은 환자들이 겪는 가장 근원적인 문제는 항상 신앙심의 상실과 관련된다고 말한다. 조상들로부터 이어받은 믿음, 삶의 가치와 방향성을 잃어버려서 사람들이 깊은 고통에 빠진다는 것이다. 융은 이 시기에 신앙심을 되찾지 않으면 결코 온전한 치유가 이루어질 수 없다고 단언했다.

안타깝게도 누미노제의 경험은 우리 현대인들에게는 쉽지 않은 과제처럼 느껴진다. 우리가 살아가는 오늘날의 합리주의와 과학적 세계관은 우리 조상들처럼 소박하게 세상을 바라보기 어렵게 만든다. 과거 사람들이 신의 현현으로 여겼던 자연현상조차 우리는 단순한 자연 법칙의 결과로 이해한다. 그만큼 신화와 민담 속에서 누리던 종교적이고 신비로운 체험은 이제 멀어졌다.

융이 정신치료에서 가장 중요하게 다룬 과제는 바로 이것이었다. 조상들로부터 내려오는 신화를 잃어버렸기 때문에 우리는 정신적 대극 문제를 마주하고 있으며, 이를 해소하기 위해서는 무의식에 숨어 있는 신화적 존재들을 불러내고 그들과 다시 적극적으로 대화할 수 있어야 한다. 앞의 아포리즘에서도 제시한 바와 같이, 융은 우리가 신화의 세계관을 이해하고 받아들인다면 삶을 바깥이 아닌 안에서부터 경험하며 진정한 자신을 회복할 수 있으리라 보았다.

우리 무의식 속에는 온갖 신들, 즉 초자연적인 능력을 발휘할 수 있는 잠재력이 있다. 융은 '고대의 그 많던 신들은 다 어디로 갔는가?'라는 질문에 '신들은 사라진 것이 아닌 인간의 무의식 속에 들어 있다'고 대답했다. 고대 신들은 무의식 속 원형 중 하나로 존재하며 과거보다 훨씬 기괴하고 강력한 영향력을 발휘한다.

예전에는 인간이 설명할 수 없는 현상을 신의 활동으로 이해할 수밖에 없었다. 그러나 과학이 발달하면서 이런 현상들은 자연의 법칙으로 해석되었고, 신들이 구현하던 영적인 힘은 인간의 무의식 속으로 옮겨졌다. 그 결과 인간은 신들로부터의 분리와 소외로 인한 고통을 겪게 되었다.

고대 종교는 예외 없이 '신을 무시하는 것'을 최악의 죄로 여겼다. 고대 신들이 구현하던 힘이 머무는 원형을 무시하면 그 힘은 제어되지 않은 채 풀려나 인간에게 위험하게 작용한다. 융의 말처럼 무시당한 신들은 오늘날 육체적·정신적 질병으로 나타난다. 신경증, 공포증, 강박증, 통제 불가의 열광이나 폭력을 발휘하는 군중들의 감정은 무시된 힘들이 어떻게 무의식적으로 드러나는지 보여주는 예들이다.

종교, 우리 삶을 다시 함께 묶는다

융은 한쪽으로만 치우친 삶을 사는 현대인에게 집단 무의식 원형에 마음을 열어야 한다고 강조했다. 이 원형은 종교적이고 신화적인 이미지를 띤 존재들이다. 사실 이 말은 현대인들에게 분명히 혼란스러울 수도 있다. 사회를 이해할 때 합리주의와 물질주의가 마치 공기처럼 자연스러운 현대인들에게, 과거의 신화와 조상들의 믿음에 집중해야 한다는 주장은 혼란스럽게 들린다. 그러나 이 메시지는 어느 한쪽으로 쏠리면 안 된다는 경고로 이해할 수 있다.

융은 정신건강이란 내적 세계와 외적 현실이 소통하고 균형을 이루는 데서 비롯된다고 보았다. 그리고 그 과정에서 종교의 역할이 중요하다고 말했다. 종교를 뜻하는 라틴어 religio는 현대 영어 religion의 어원이다. 이 말은 '다시'를 뜻하는 re와 '연결되고 묶는다'는 의미를 지닌 ligare에서 유래되었다. 즉 종교란 '다시 함께 묶는다'라는 뜻이다. 종교는 인간 정신의 대극성과 그 합일 과정을 상징하는 원형적 힘이다. 종교는 대극들을 치유하고, 연결하고, 결합하고, 다시 함께 만드는 것을 의미하며, 이것들은 누미노제의 힘으로 상징된다.

신이나 악마는 오늘날에도 새로운 이름으로 등장하고 있다.
현대인에게 하루도 가실 날이 없는 막연한 불안이나 심리적 갈등,
약물, 알코올, 담배, 먹을 것에 대한 끝없는 욕구,
그리고 갖가지 신경증으로 나타나고 있다.

_카를 융,《인간과 상징》

Alexandre Cabanel, ‹The Evening Angel›

집단 무의식이
우리의 삶을 움직인다

> 우리가 그것(원형)을 신이라고 부르든 악령 혹은 환상이라고 부르든 상관없이, 그것은 존재하고 기능하면서 매 세대마다 새롭게 태어난다. 이들은 개인에게 그리고 집단의 삶에 엄청난 영향을 주며, 친숙하기는 해도 우리 인간과는 이상하게도 동떨어져 있다. 이런 후자의 특성 때문에 신이나 악령이라고 불리기도 했다. 그리고 그 때문에 우리의 '과학' 시대에는 원형을 본능의 정신적 표현으로 이해하기도 한다.
>
> _카를 융, 〈미구엘 세라노에게 보낸 편지〉

모든 동물은 어미에 대한 원형을 지닌다. 그들은 본능적으로 어미에게 무엇을 기대해야 하는지 안다. 이러한 기억은 이전 세대로부터 전해져 내려오며, 집단 무의식 속 원형으로 자리한다. 인간 또한 집단 무의식으로 세상과 관계를 맺고, 그 관계 속에서 생명으로서의 존재를 이어갈 수 있다. 카를 융은 원형을 '관계기능'이라고 불렀다.

대표적인 예가 '어머니 원형'이다. 어머니와 자녀 사이에서 일어나는 수많은 본능적 행동은 이 원형의 작동을 보여준다. 사실 인간이 살아가며 배우는 복잡한 행동에는 무수히 많은 원형이 존재한다. 인간 정신이 끝없이 깊고 방대한 경험의 차원을 품고 있는 이유도, 그만큼 많은 원형들이 내면에 자리하기 때문이다. 끊임없이 변화하는 생명의 흐름 속에서 원형은 세계와 새로운 관계를 맺을 수 있는 힘이 된다. 집단 무의식에는 우리가 새로운 길을 열고, 새로운 관계를 만들어갈 수 있도록 돕는 수많은 원형들이 있다.

집단 무의식의 원형은 무수히 많지만, 이 원형이 현실에서 모두 작동하지는 않는다. 원형은 우리 삶의 필요에 맞춰 작동한다. 그러나 삶의 필요에 적합한 원형이 작동하지 않으면 어려움이 온다. 이는 필요한 원형이 아직 의식으로 가는 입구를 발견하지 못해서 발생한다. 의식의 일방성이 자신을 찾아오는 원형들을 보지 못하게 해서 벌어진다.

소년이 울타리를
벗어난 이유

원형은 수천 세대를 거쳐 반복되는 현상이다. 신화와 민담 등에서 반복되는 모티브를 통해 집단 무의식 원형의 모습을 발견할 수 있다.

에스토니아의 민담에는 한 고아 소년에 관한 이야기가 있다. 소년은 주인에게 끊임없는 학대를 받으며 가축을 돌보는 일을 했다. 소년은 자기가 처한 끔찍한 환경에서 벗어날 생각도 없이 그저 묵묵히 주인의 가혹한 학대를 견디며 지냈다.

그러던 어느 날 소년이 돌보던 암소 한 마리가 도망치는 사건이 벌어졌다. 소년은 주인이 이 사실을 알면, 자신은 말 그대로 맞아 죽는다는 생각에 머릿속이 하얘졌다. 극도의 두려움을 느낀 소년은 그대로 달아나 버렸다. 죽을까 무서워서 도망쳤지만, 갈 곳이 없었다. 무엇을 해야 할지도 알 수 없었다. 소년은 그저 걷고 또 걸었다. 아무런 탈출구도 보이지 않는 절망적인 상황에서 기진맥진해진 소년은 털썩 쓰러져 깊은 잠에 빠졌다.

깨어났을 때, 자기 입 속에 우유가 들어 있음을 느꼈다. 입에 우유를 넣은 사람은 낯선 노인이었다. 소년은 노인에게 자신이 살아온 이야기를 들려줬다. 노인은 소년을 불쌍히 여기고 그에게 말했다. "네게 공짜로 한 가지 좋은 충고를 해주마."

노인은 소년에게 계속해서 여행할 것을 권유했다. 동쪽으로 계속 가면 7년 후에 커다란 산에 오르게 되는데, 그 산이 소년에게 행운을 줄 것이라 덧붙였다. 그러면서 매일 필요한 만큼만의 음식과 우유가 나오는 빵 자루와 우유 통을 건넸다.

융은 이 이야기 속에서 집단 무의식의 작용을 읽어냈다. 고아 소년은 학대를 받으면서도, 그곳에서 한 치도 벗어나지 않았다. 만일 암소가 도망치는 사건이 벌어지지 않았다면 계속 주인의 울타리 안에서 정체된 삶을 살았을 것이다.

소년이 그 울타리를 벗어나려면, 처벌에 대한 두려움으로 인해 억눌려 있던 힘을 되찾고 뛰쳐나가게 만드는 사건이 필요했다. 그 사건이 바로 암소를 잃어버린 사건이었다. 융은 이 사건을 소년의 무의식이 일으켰다고 해석했다. 그리고 이야기에 등장하는 노인은 사실 소년의 무의식을 상징하며, 의식의 삶을 보완하고 균형을 이루려는 보상 기능을 담당한 존재라고 보았다.

고아 원형은 우리에게
새로운 시작을 알린다

융은 정체된 상황과 가혹한 환경 속에서 근근이 살아가지만, 정작 본인은 거기서 벗어날 생각조차 못할 때 무의식이 움직인다고 했다. 특히 중년에 도달했을 때 고아 소년을 학대하고 착취했던 주인처럼 일방적인 힘에 지배당하고 억압받는 상황에 놓이면 무의식은 그 가혹한 의식 세계를 보상하려고 작동한다고 보았다.

이야기의 주인공 고아 소년은 '고아 원형'을 나타낸다. 고아 원형은 버려짐, 고립, 새로운 시작의 가능성을 상징한다. 이는 부모나 보호자의 상실, 또는 사회로부터의 소외를 경험하는 인물을 나타낸다. 특히 중년에 나타나는 고아 원형은 직장이나 인간관계로부터의 소외나 소속감의 상실이라는 깊은 고통을 의미한다. 이 원형이 작동하면 세상에 대한 불신과 외로움이 더 깊어질 수 있다. 그러나 동시에 고아 원형은 기존의 질서나 억압된 환경을 벗어나 새로운 삶을 시작할 가능성을 보여준다.

중년에 찾아오는 고아 원형은 개인에게 자기실현의 강한 욕구를 불러일으킨다. 버려짐과 고립, 소외의 고통은 우리를 자기실현의 과정으로 이끄는 동력이 된다. 결과적으로 중년에 작동되는 고아 원형은 고난을 극복하고 성장하는 힘을 주고, 우리에게 정체되고 억압된 현실을 벗어나서 삶의 의미를 찾도록 도와준다. 그렇기에 고아 원형에 사로잡혀 버려짐과 고립으로 고통받는 사람에게 현실은 이중적이다. 고아 소년의 이야기처럼 버려짐의 아픔 너머에는 변화와 성장이라는 숨겨진 황금이 놓여 있는 것이다.

어떤 심리적 문제이든 치유의 첫걸음은 그것을 인정하는 것이다.
문제의 형상을 정확히 그려내고 이름을 붙일 수 있다면,
당신이 느끼는 외로움의 원인이 무엇인지
설명할 수 있다면 절반은 해결된 것이다.
얼마나 많은 것을 포기하고 싶은지 스스로 인정하는 것,
이것이 치유의 시작이다.

_로버트 존슨, 《내면의 황금》

Vilhelm Hammershøi, ‹Interior, Strandgade 30›

무의식과 대면하면
자기실현이 이루어진다

우리 삶에서 위기라고 하는 결과는 기나긴 무의식적 역사를 지닌다.
즉 우리는 위험이 쌓여 가고 있다는 것을 미처 깨닫지 못한 채 그리로 한 걸음씩 다가가는 것이다. 그러나 의식은 이를 깨닫지 못해도 무의식이 깨닫는 수도 있다. 무의식은 그러니까 꿈을 통해 그 정보를 우리에게 전해주는 것이다.

_카를 융, 《인간과 상징》

나는 10년 전 잊기 힘든 특이한 꿈을 꾸었다. 꿈속에서 누군가가 나에게 동굴 안으로 들어가서 시체가 낀 금반지를 빼서 나오라고 지시했다. 너무나 하기 싫었지만, 시키는 대로 금반지를 빼내어 굴 밖으로 나왔다.

이 꿈은 내가 평소에 꾸던 꿈과는 전혀 다른 형식과 내용이었다. 인생에서 한두 번 경험할 수 있는, 원형적인 꿈임을 직감했다. 꿈속에 등장하는 컴컴한 동굴은 알 수 없는 괴물이 사는 두려운 곳이며 생명의 모체가 되는 무의식을 상징한다. 동굴은 죽음과 재생, 샤먼의 임무 수련의 장소이기도 하다. 동굴 속 시체가 끼고 있던 반지는 죽은 자의 유산을 상징한다. 시체가 살아 있을 때 가졌던 힘을 상징하는 유산이다.

나는 이 꿈을 꾸고 금반지를 가져오는 임무에만 집중해서 단순히 '무언가 행운이 생기나?'라며 좋아했다. 하지만 금반지를 얻기 위한 과정으로서 동굴 속 어두컴컴한 공간에 누운 시체와 대면해야 하는 시련을 생각하지 못했다.

이후 나는 다사다난한 시간을 보내며 이 꿈을 가슴에 묻어두었다. 9년이 지나서 우연히 알게 된 사실은 나의 꿈이 철학자 플라톤의 《국가론》에 등장하는 유명한 '기게스 반지 이야기'와 놀라울 만큼 닮아 있었다는 점이다.

**인생의 의미를 찾으라는
목소리를 들어보라**

플라톤의 《국가론》에 등장하는 기게스는 양치기였다. 어느 날, 기게스는 지진으로 갈라진 땅속 동굴에서 거인의 시체를 발견하고 그 시체가 꼈던 반지를 가지고 나온다. 여기까지는 나의 꿈의 내용과 일치한다. 하지만 기게스의 이야기는 더 앞으로 나아간다. 기게스는 반지가 가진 능력을 알게 되는데, 그것은 소설《반지의 제왕》에 등장하는 절대 반지처럼 자신을 보이지 않게 만드는 힘이었다. 기게스는 이 능력을 이용해서 왕비를 유혹하고 왕을 살해해서 왕위를 차지한다.

나의 꿈은 반지의 능력을 발견하는 데까지 나아가지 않았다. 비록 황금반지를 가지고 나오는 데서 끝났지만 내 꿈은 단순한 행운의 상징이 아니라, 자기실현의 꿈이었다. 꿈속에서 나에게 반지를 꺼내오라는 명령을 내린 존재는 마음의 중심인 '자기'이다. 자기실현의 기회는 동굴과 시체를 대면해야 하는 길고 힘든 시련이 왔을 때 얻게 된다.

이 꿈은 그동안 현실적인 목표를 향해서 달려온 나에게 중년의 어느 날, '인생의 의미를 찾아 나서라'라는 자기실현의 과제로 다가왔다. 동굴 속에서 내가 얻게 된 반지는 수천 세대를 거쳐서 내려오는 집단 무의식의 '자기원형'으로의 초대였다.

프로이트는 꿈이 개인적 경험에서 밀려난 무의식적 내용을 드러낸다고 보았다. 하지만 꿈은 과거와 미래를 보여주고 창조적 에너지를 드러내기도 한다. 무엇보다 집단 무의식이 꾸는 원형의 꿈이 있다. 나의 경우처럼 원형의 꿈은 신화나 민담과 같은 이야기 형식으로 드러난다. 나는 그 꿈을 꾸기 전에 기게스의 이야기를 전혀 몰랐다. 나의 의식이 아닌 집단 무의식이 기게스의 이야기를 빌려 나에게 원형의 존재를 인식시킨 것이다.

세상에 지친 중년이라면
자기실현을 이루라

융 심리학은 곧 자기실현의 심리학이다. 자아와 자기는 구분된다. 자아는 의식의 중심이지만 자기는 의식과 무의식을 통틀어 전체 정신의 중심이다. 융은 우리 인생에 핵심적 목표가 있으며 그것은 자기실현 Selbstverwirklichung이라고 보았다. 자기실현은 무의식을 의식화시켜 '당신 자신이 되는 것'으로, 의식과 무의식이 통합된 전체 정신을 가능한 많이 실현하는 과정이다.

자기실현을 향한 길은 무의식을 의식화하는 과정이다. 이것은 연금술에서 얻으려는 최고의 보물인 '황금'을 의미한다. 자기실현의 과정은 중년에 이르러 본격적으로 시작되며, 종종 개인적 위기상황과 맞물려 나타난다. 위기는 단순한 불행이 아니라 자기실현을 향한 경고의 메시지이기도 하다. 자기실현의 욕구는 정체된 삶에 머무르지 말고 앞으로 나가서 부분적 삶을 넘어 전체적 삶을 이루라고 요구한다. 무의식은 일방적이고 억압된 상태를 싫어하고, 균형과 확장을 끊임없이 추구한다.

파피루스에 기록된 고대 이집트 문헌 중 하나의 제목은 다음과 같다.

세상에 지친 남자, 영혼을 찾아 나서다 The World-Weary Man in

Search of His Ba.

이것은 중년의 사람이 자기실현을 향해 떠나는 여정을 묘사한 기록으로 볼 수 있다. 여기서 '세상에 지친 남자'라는 표현은 중년기를 살아가는 인간의 내면을 가장 오래된 언어로 표현한 말이다. 영혼을 찾는 여정이란 결국 무의식과의 접촉을 회복하는 길, 곧 무의식과 마주함을 뜻한다.

세상은 우리도 모르게 하나로 연결되어 있다

> 융은 이집트의 상징인 황금 풍뎅이가 나타났던 꿈 이야기를 하고 있을 때 실제로 풍뎅이 모양을 닮은 딱정벌레가 갑자기 나타난 사례를 들려준다. 꿈을 통해 실제로 일어날 죽음 또는 재난을 예견하는 것도 마찬가지이다.
>
> _클레어 던, 《카를 융 영혼의 치유자》

프로이센을 강대국으로 성장시킨 계몽 군주 프리드리히 2세가 서거하자, 황제가 늘 보던 벽시계가 아무런 이유 없이 멈추었다. 멈춰버린 시계 바늘의 방향은 정확히 황제가 숨진 시간을 가리키고 있었다. 이 잘 알려진 일화는 단순한 우연처럼 보인다. 그러나 우연히 일어난 사건이 특별한 의미를 지닐 때, 우리는 그것을 '동시성'이라고 부른다.

프로이트가 설명한 무의식은 일종의 억압된 욕구의 어지러운 서랍과 같은 세계이다. 이에 비해 카를 융이 바라본 무의식은 훨씬 더 깊고 광대한 영역이다. 그의 비유에 따르면, 무의식은 광대한 바다처럼 넓고 의식은 그 위에 떠 있는 작은 코르크 마개에 불과하다. 융이 설명한 의식과 무의식 사이에는 너무나 큰 차이가 존재한다.

수천 세대를 거쳐 내려온 방대한 유산을 품고 있는 집단 무의식은 신비로운 차원을 가진다. 무의식은 시간과 공간을 상대함으로써 멀리 떨어진 다른 곳에서 일어나는 일을 직관적으로 지각하는 동시성 현상이 가능하다. 이러한 사건을 경험한 사람들은 종종 그것을 불가사의한 체험 또는 신의 기적으로 받아들이기도 한다.

동시성, 세계를 하나로 잇는 신비한 경험

동시성은 중세 유럽인의 세계관인 '우누스 문두스Unus Mundus(하나의 세계)'와 연결된다. 이는 물질과 정신이 분리되지 않는 통합된 세계로, 과거·현재·미래의 시간과 공간, 물질이 구분되지 않은 차원이다. 중세 유럽인들은 우주를 신의 창조물로 보고 정신과 물질, 시간과 공간이 하나로 어우러진 질서 속에서 이해했다. 중세 연금술도 이러한 '하나의 세상'이라는 세계관에 기반해 물질과 정신을 통합하여 '철학자의 돌'을 만들려고 했다. 그들은 황금을 만들 수 있는 중요한 물질이 인간 몸에서 생긴다고 보았다.

내 아들에게도 동시성 사건이 일어났었다. 아들이 중학교 3학년이었을 때, 우리는 오랫동안 살던 도시를 떠나 광교로 이사했다. 그러면서 아들은 유치원 시절부터 인연을 맺어온 개인 과외 선생님과 작별해야 했다. 아들에게 그 선생님은 단순한 학습 지도사를 넘어, 일상을 나누고 속마음을 털어놓을 수 있는 소중한 친구 이상이었다.

이사 후 몇 달 뒤, 과외 선생님의 건강이 몹시 안 좋아졌다는 소식을 들었다. 아들은 과외 선생님이 지난밤 꿈에 자기에게 나타났다고 말했다. 선생님은 너무 어둡고 무표정한 얼굴이었고, 무어라고 말을 하는데 알아들을 수 없었다고 했다. 꿈에서 아들은 '과외 선생님이 세상을 떠나시나?'라는 두려움이 올라왔다고 했다. 그날, 과외 선생님의 부고가 올라왔다. 정확한 임종 시간은 알 수 없지만 아들은 꿈속에서 과외 선생님의 임종을 상징하는 이미지를 보았다.

이 경험은 동시성 사건으로 이해될 수 있다. 이처럼 임종이나 죽음과 관련된 동시성 사건은 자주 보고된다. 융은 이러한 불가사의한 경험을 무의식이 시간과 공간, 정신과 물질을 하나로 연결시키는 작용이라고 보았다.

하나의 세계,
무의식은 우리를 통합한다

융은 '하나의 세계Unus Mundus'라는 세계관이 작동하는 곳이 바로 무의식임을 발견했다. 무의식은 모든 존재, 시간과 공간, 물질과 정신이 연결되어 있는 상태를 의미한다. 융은 동시성 사건을 이러한 무의식의 통일성을 경험하는 사건으로 이해했다.

이 '하나의 세계'라는 개념은 우리 조상들에게도 익숙하다. 삼국시대, 조선시대를 보면 기근이나 자연재해가 들면 왕실에서 기우제를 드리기 전에 먼저 죄수들을 풀어주곤 했다. 그들은 가장 한이 많은 사람들이 모여 있는 곳이 감옥이라고 생각했다. 그래서 죄수들이 한을 풀면 그 뜻이 하늘에 닿아서 기근이 해결된다고 믿었다.

현대인의 눈에는 자연재해와 죄수들이 무슨 상관이 있을까 싶지만, 우리 조상들 역시 중세 유럽인들처럼 모든 것이 서로 연결되어 있다는 통일적 세계관을 공유했고 그로부터 문제 해결을 위한 지혜를 구했노라고 생각할 수 있다.

동시성 사건은 인과율, 즉 원인이 있으면 결과가 있다는 단순한 법칙을 넘어서는 경험을 설명해준다. 중세인들이 믿었듯이 세상은 따로따로 흩어진 세계가 아니라 하나로 이어진 통일된 세계라는 무의식 작용이 여기에 담겨 있다.

나 역시 어린 시절 한 번의 동시성을 경험해봤다. 초등학교 저학년 때, 아버지는 다니시던 직장에서 실직하게 되어 우리 집은 심한 고통에 처했다.

그러던 어느 날, 아버지는 아주 우연히 사람들이 많이 모이는 교회를 군중들을 따라 가셨다. 그날 그곳에서 우연히 고향 선배를 만났고, 그 선배의 추천으로 바로 취업을 하셨다. 이 사건은 어린 시절 나와 우리 가정에 큰 영향을 미쳤다. 그 덕분에 먼 훗날 나와 아내는 독일에서 유학을 할 수 있었다. 그러니 그날 아버지가 우연히 만난 고향 선배와의 만남은 아버지뿐만 아니라 아들 인생에도 깊은 영향을 미친 의미 있는 사건이었다.

돌아보면 이것은 단순한 우연이 아니라 동시성이라고 부를 수밖에 없다. 의미 있는 우연은 우리로 하여금 하늘의 뜻, 은혜 또는 인과응보와 같은 초월적 질서를 떠올리게 만든다. 인생의 전환점에서 만나는 동시성 사건은 단순한 우연을 넘어, 무의식이 우리 삶에 건네는 메시지이자 은밀한 길잡이다.

4장

두 번째 인생의 시작

내리막길을 경험해야
나의 한계를 안다

> 끊임없는 삶의 흐름은 거듭 적응을 요구한다.
> 적응은 절대로 한번으로 끝나는 것이 아니다.
>
> _카를 융, 《정신의 구조와 역학》

카를 융은 마흔두 살이 될 때까지 야망, 경력, 성공, 가족, 국제적 명성 등 성취할 수 있는 모든 성공을 이루었다. 그는 취리히 대학의 교수, 세계정신분석학회 회장, 세계적으로 명성이 높은 의사였다. 특히 그가 근무했던 부르크횔츨리 병원은 이미 정신건강 영역에서 세계적으로 유명한 곳이었는데, 거기서 융은 콤플렉스를 찾아내는 검사 방법을 개발했다. 이 업적으로 그는 젊은 나이에 세계적인 명성을 얻었다.

융은 당시에 자신이 스위스인 의사로서 도달할 수 있는 모든 성공을 거두었다고 고백했다. 하지만 그 후, 그는 프로이트의 이론에 반대했고, 결국 프로이트와 결별하게 되었다. 그 결과 주변 사람들이 떠나갔고, 그의 인생은 내리막길에 들어섰다.

중년의 긴 시간 동안 내리막길을 경험하지 않을 사람은 아무도 없다. 랄프 왈도 에머슨Ralph Waldo Emerson이 "자연은 독점과 예외를 싫어한다"라고 말했듯이, 인생은 올라가면 반드시 내려오게 되는 법칙을 따른다. 그래서 중년에 예상치 못한 하강의 시기가 찾아오면 사람들은 당황하고 우왕좌왕하기 쉽다. 과거의 잘나가던 자신과 지금을 비교하면서 자기연민에 빠지고, 불행하다고 느끼며 허우적거릴 수 있다. 하지만 시시각각 변하는 시간의 흐름 속에서 이런 하강은 어쩌면 당연한 과정이다.

여기서 중요한 것은 그 하강의 시간을 어떻게 이해하고 받아들이며 대처하느냐이다. 어떻게 하느냐에 따라 또 다른 상승의 시간이 열릴 수 있고, 아니면 더욱 깊은 하강의 늪으로 들어갈 수도 있다.

융은 40대 초반, 인생에서 이룰 수 있는 상승의 정점에 도달하자마자 깊은 하강을 경험했다. 그는 이 시기를 이렇게 회상했다.

> 프로이트와 각자의 길을 걷고 나서 불확실한 내면의 시기가 시작되었다. 이를 방황의 시기라 해도 과장이 아닐 것이다. 발을 디

딜 곳이 전혀 보이지 않았기 때문이다.

융은 프로이트를 몹시 존경하였기에 프로이트와 결별한 뒤 혼자가 된 상황을 몹시 힘들어했다. 하지만 역설적이게도, 바로 그 시기가 융의 인생에서 가장 창조적이고 생산적인 시간이었다. 더 나아가 우리가 아는 융 심리학이 이 시기에 본격적으로 만들어졌다.

물론 융은 하강의 시기에 깊이 고통스러워했다. 정신분열의 초기 증상까지 보일 정도로 그의 인생 전체를 통틀어 가장 힘든 시간이었다. 하지만 그의 인생 전체를 놓고 보면 바로 그 시간이 오히려 그의 인생과 학문을 한층 더 높이 끌어올린 계기가 되었다. 다만 이런 사실은 시간이 흐른 뒤에 뒤돌아보았을 때 비로소 보일 뿐이다.

**무의식의 탐구라는
위험한 길을 걸으며**

융은 인생의 내리막길에서 자신의 내면과 대결하는 쪽을 선택했다. 아니, 정확하게 말하면 내면의 여정이 그를 먼저 찾아왔다.

1913년, 프로이트와 결별한 다음 해에 그는 유럽이 피바다에 잠기는 끔찍한 환상을 여러 번 보고 공포에 휩싸였다. 곧 무언가 무서운 일이 닥칠 것 같은 공포와 두려움을 느꼈다. 융은 '혹시 내가 정신분열에 걸리는 것이 아닌가?' 하고 두려워했다. 하지만 이것이 바로 무의식 탐구의 본격적 시작이었다.

융이 만난 무의식은 프로이트가 말한 개인의 경험과 억압의 산물이 아니었다. 그보다는 훨씬 깊고, 넓고, 오래되었다. 신화와 민담에 등장하는 난쟁이, 야수에 가까운 영웅, 현자, 말로 표현이 어려운 수많은 상징이 그에게 나타났다.

하지만 이런 무의식 탐구는 큰 위험을 동반했다. 정신분열 환자는 자아의 기능이 약해 무의식에 삼켜진 사람이다. 융도 하마터면 그 경계로 들어갈 뻔했다. 이토록 위험한 탐구 과정에서 그를 지탱해준 대극적 요소가 있었다. 무의식에 삼켜질 수도 있는 위험 속에서 그를 버티게 해준 요소는 바로, 정상적인 일상생활을 가능하게 한 '가족'과 '일'이었다. 그는 아내가 있었고 다섯 명의 자녀가 있었다. 그리고 스위스 바젤대학교에서 의학박사를 받은 사람으로서 매일 환자들을 진료해야 했기에 버틸 수 있었다.

의식과 무의식의 대극 사이에서 무의식 쪽으로 한 걸음을 옮길 때마다 무의식의 깊은 곳에서 올라오는 환영과 이미지, 상징들이 융을 혼란스럽게 만들었다. 하지만 그는 의식세계로 언제든지 다시 돌아올 수 있도록 일상을 단단히 붙잡고 있었다.

우리의 힘은
약점에서 자란다

나는 직장생활이나 사업으로 극심한 스트레스에 놓인 사람들에게, 힘들수록 더욱 아내와 아이들과의 평범한 일상에 주목하라고 조언한다. 왜냐하면 가족과 함께하는 평범한 일상은 내가 겪는 고통과 스트레스의 반대편에서 힘이 되기 때문이다. 힘들수록 이 일상을 지켜야만 고통을 견디고 버틸 수 있는 힘이 생긴다.

우리에게 닥친 문제와 위기를 도저히 해결하고 극복할 수 없을 때가 있다. 이런 경우 내가 아무것도 할 수 없다는 절망 속에 있거나 무기력하기보다는 하루하루 일상을 유지하면서 버티는 자세가 최선일 수 있다. 후퇴의 시기에는 계속해서 앞으로 나아가려고 애쓰다가 자포자기하는 절망 상태로 떨어지기보다 그저 묵묵히 견디는 편이 낫다.

융에게 내면과 외부 자아 사이에서 균형을 유지하는 일은 거의 투쟁과도 같았지만, 그는 버티었고 그 결과 인류 심리학에서 중요한 개념인 집단 무의식이 세상에 드러나게 되었다. 1913년부터 반복적으로 보았던 유럽이 피바다에 빠지는 환상은 그다음 해인 1914년 제1차 세계대전이 발발하면서 현실이 되었다. 그의 환상이 정신분열적 망상이 아닌 무의식이 보낸 구체적인 메시지였던 것이다. 이때부터 본격적으로 융만의 무의식 탐구 여정이 시작되었다.

　에머슨이 산문 〈보상〉에서 "우리의 힘은 약점에서 자란다"라고 말했던 것처럼 견디고, 버티어 낸 시간은 힘이 되고 그 후의 삶을 풍요롭게 만든다. 고통과 슬픔을 맛보아야 진정한 평화와 행복의 의미를 깨닫는데, 인생은 그런 고통에 대해 결국 어떤 보상을 돌려줄 것이다.

혼란스러울 때
비로소 자기 실현이 시작된다

외면을 보는 사람은 꿈을 꾸고, 내면을 보는 사람은 깨어 있다.
_카를 융, 《서한집 1권》

영수 씨는 30년 넘게 한 직장에서 근무하다 정년퇴직을 했다. 그러나 퇴직 이후 그의 얼굴은 늘 어두웠고, 짜증을 자주 내며 아내와도 많이 다투었다. 이런 분위기는 가족 전체를 무겁게 만들었다. 아내와 자식들의 불만은 최고점에 달했고 영수 씨는 낚시하러 집을 떠나는 방식으로 갈등을 잠시 해결하려고 했다. 그런데 문제는 혼자서 강가에서 며칠을 보내면 외로워져서 아내에게 내려오라고 재촉했고, 아내는 아직 독립하지 못한 자식들과 손주를 돌봐야 했기 때문에 남편의 부탁을 들어줄 수가 없었다. 결국 영수 씨가 집을 비워도 근본적인 갈등은 전혀 해결되지 않았다.

영수 씨는 퇴직 후 커다란 상실감을 느꼈다. 직장 생활을 할 때는 종종 부수입도 생겨 경제적으로 여유가 있었고, 자유롭게 소비할 수 있었다. 그러나 퇴직 이후 상황은 달라졌다. 겉으로는 경제적인 어려움이 고통처럼 보였지만, 실제로 그에게 더 큰 고통은 내면 깊은 곳에 있었다.

그것은 더 이상 가장의 역할을 다할 수 없다는 현실이었다. 아직 경제적으로 지원해야 하는 자식들이 있었고, 여전히 가정에는 수입이 필요했다. 영수 씨는 가장으로서의 책임감을 강하게 가진 사람이었기에, 그 책임을 다하지 못함에 자괴감을 느끼고 가족들 앞에서 얼굴을 들지 못했다.

영수 씨가 가족들을 힘들게 한 이유는 단순히 퇴직 때문이 아니라, 가장으로서의 무거운 책임감을 내려놓지 못했기 때문이었다. 영수 씨에게 가장의 역할은 곧 자신이 가족에게 줄 수 있는 모든 것이었고, 이것은 가족밖에 모르던 그의 삶의 가치이며 존재 의미였다.

영수 씨는 평생 열심히 살아온 사람이었다. 어린 시절의 어려운 환경을 극복하고, 성실하게 성공적인 직장 생활을 이어왔다. 그러나 퇴직 후에는 그동안 자신을 지켜주던 직장도 사라졌다. 가장의 역할까지 무너져버린 시점에서 그는 깊은 혼란과 갈등 속에 놓여 있다. 그는 어떻게 여기에 대응해야 할까? 카를 융이 그를 상담한다면 어떤 조언을 그에게 건넬 것인가?

중년이 되어야 비로소
자기실현이 시작된다

융은 영수 씨가 처한 환경과 그의 고민에 대해 직접적인 솔루션을 주지 않을 것이다. 대신 그가 가야 할 인생의 방향과 성장에 대해서 조언할 것이다. 그것은 자기실현과 개성화의 과제를 알아차리고 그 방향으로 향하는 삶의 자세이다.

자기실현은 심리학적 발달과정의 최종 목표이다. 그것은 의식과 무의식에 있는 여러 반대되는 요소들을 하나로 통합하여, 더 온전하고 완전한 사람이 되는 평생의 여정이다. 자기실현은 젊은 시절에는 이루어질 수 없다. 오히려 인생 경험이 쌓이고, 삶의 여러 대극을 깊이 경험하는 중년 이후에야 비로소 본격적으로 가능해진다.

융은 인간의 마음을 큰 아파트에 비유하며 한두 층에서만 사람이 살고 나머지 공간은 비어 있다고 말했다. 자기실현이나 개성화는 그동안 비워두었던 '나머지 공간', 즉 무의식을 만나도록 이끄는 힘이다. 곧 무의식에 있는 내용들을 의식적으로 알아가는 과정이다. 하지만 그것이 사람을 무조건 편안하게 만들지는 않는다.

오히려 그 과정에서는 고통을 겪어야 하고, 그 고통의 의미를 발견해야 한다.

자기실현의 첫 과제는 자아와 페르소나를 구분하는 것이다. 페르소나는 '남에게 보이는 가면'이다. 융은 페르소나는 어디까지나 사회적 역할일 뿐인데 그것을 곧 자기 자신이라고 믿을 때 문제가 생긴다고 말했다. 페르소나와 자아를 구분하는 과정을 거친 후에는, 집단 무의식의 원형들을 대면하게 된다. 무의식을 인식하는 과정은 자연스럽게 이루어지는데, 꿈이나 다양한 상징들이 보내는 신호와 의미를 해석하는 방식으로 나타난다. 꿈은 무의식이 보내는 상징의 보물창고로, 우리 개인의 가장 깊은 현실과, 그 현실을 지탱하는 집단 무의식의 세계와 대화할 수 있게 해준다.

먼저, 그림자라고 부르는 자신의 어두운 부분을 인식해야 한다. 그림자를 만나야 우리는 다음 무의식의 층인 아니마와 아니무스에 도달하게 된다.

이처럼 무의식 속 원형과 대면하는 과정을 거치며 자기 인식이 깊어지고, 결국 우리는 내면의 본성과 현실이 만들어내는 수많은 대극의 긴장과 갈등을 통합하고 하나로 묶을 수 있는 단계에 이르게 된다.

융에 따르면, 어린아이는 처음에는 무의식 상태에서 출발한다. 시간이 지나면서 서서히 의식을 갖게 되고, 그 과정에서 여러 대극을 만나게 된다. 이러한 대극들은 인간의 삶을 구성하는 요소이다. 이를테면 여자와 남자, 선과 악, 개인과 사회 같은 것들이 있다. 융은 이러한 수많은 대극을 중년 이후에 통합하는 과정이 필요하다고 보았다. 대극적인 원형들을 인식하는 단계를 지나면, 대극의 통합이 이루어지는 삶의 단계인 자기실현의 단계에 도달하게 된다.

**상처와 고통 속에서
개성화가 피어난다**

융은 인간에게 두 가지 중요한 욕구가 있다고 보았다.

첫째는 프로이트가 말한 본능적 욕구다. 인간은 성적 본능과 공격적인 본능의 지배를 받는다. 융도 이 점을 인정했다.

둘째는 자기실현(개성화)의 욕구다. 융은 이것을 단순한 욕구가 아니라, 모든 인간이 중년 이후 반드시 마주해야 할 과제로 보았다. 자기실현과 개성화는 자기 자신과 세상이 조화를 이루며 살아가기 위한 길이다. 그래서 치료의 본질도 결국은 인간 내면에 있는 '자기 Self'와 긍정적으로 연결되는 것이라고 했다.

자기실현이나 개성화는 젊은 시절이 아니라 중년이 돼서야 마주할 과제이다. 흔히들 말하는 '중년의 위기'도 바로 이 자기실현의 과제를 눈앞에 둔 사람들이 경험하는 것이다. 모든 것이 편안하고 만사가 잘 돌아간다면 굳이 자기실현이나 개성화의 여정에 들어설 이유가 없다. 하지만 상처와 고통을 겪고 있는 중년이라면, 자기실현의 과정은 이미 시작된 것이다.

영수 씨는 직장생활 내내 스트레스가 있었지만, 퇴직 후 겪은 갈등에 비하면 아무것도 아니었다고 말했다. 그는 퇴직 이후 달라진 환경과 가족 안에서 어떤 역할을 맡아야 할지 어려워했다. 이제 영수 씨는 새로운 페르소나를 만들고, 자기실현과 개성화라는 과제를 수행해야 할 때가 된 것이다.

어느 날 갑자기 찾아온 결혼 위기, 절망과 병고, 인생에서 겪을 수 있는 온갖 고통과 정신적·정서적 위기는 자기실현이나 개성화의 여정에 참여하라는 초대장인 셈이다.

가지고 있는 것을 버리면 받으리라

> 당신이 가지고 있는 것을 버려라. 그러면 받으리라.
> _고대 그리스의 격언

고대 그리스인들은 극단적인 행운에는 거기에 상응하는 불운이 숨겨져 있다고 믿었다. 행운은 단순히 공짜가 아니며, 어떤 식으로든 그 대가를 지급한다는 말이다. 이러한 생각이 잘 드러나는 이야기가 헤로도토스가 기록한 폴리크라테스의 이야기다.

폴리크라테스는 기원전 6세기경 사모스섬의 통치자로, 뛰어난 지략과 통치력으로 사모스섬의 황금기를 이끌었다. 폴리크라테스는 주변 지역을 정복하고 막대한 부를 축적하여 '가장 운이 좋은 사람'이라는 소문이 돌았다. 그러나 이집트 왕 아마시스는 폴리크라테스의 행운을 불길하게 여겨 그에게 경고했다. 아마시스는 "신의 질투는 무서우니, 스스로 불운을 자초하여 행운과 균형을 맞춰야 한다"고 조언했다.

폴리크라테스는 아마시스의 조언을 받아들여 자신의 가장 아끼는 반지를 바다에 던졌다. 그러나 며칠 후, 한 어부가 잡은 물고기 배 속에서 그 반지가 다시 발견되어 반지를 되찾았다. 아마시스는 너무 놀랐고, 알 수 없는 행운에 반드시 따라올 궁극적 불행에 연루되기 두려워 폴리크라테스와 결별했다. 결국 폴리크라테스는 페르시아와의 전쟁에서 패배하고 십자가 형벌로 처형을 당했다.

**행운과 불행은
서로 같은 값을 치른다**

행운을 향한 공포는 인간의 깊숙한 마음에 자리한다. 신들이 인간의 성공을 시기한다고 생각하며 생긴 두려움은 고대 그리스만의 이야기가 아니다. 융이 동양에서 나온 최고의 책이라고 했던 《주역》에도 동일한 사고가 존재한다.

《주역》은 '새옹지마 塞翁之馬'라는 사자성어가 들려주는 것처럼, 행운이 불운으로 바뀌고 불운이 행운으로 바뀌는 순환이 우주의 법칙이라고 보았다. 행운이 지속되어 극점에 도달하면 반대로 불운으로 변화한다. 《주역》에 따르면 폴리크라테스의 지속된 행운은 곧이어 불운한 상황으로 바뀔 예정이었다.

고대 그리스와 중국인들이 행운과 불운을 비슷한 세계관으로 공유했다는 사실이 흥미롭다. 대극적인 요소 사이에서 한쪽의 힘이 우세해지면, 두 대극 사이의 균형이 깨지며 어느 한쪽이 다른 한쪽을 잡아먹는다. 이것은 보상의 원리에 의해 두 대극 사이에 극단적인 변화를 불러오는 원인이 된다.

에머슨은 19세기 미국 문학과 사상에 큰 영향을 미친 초월주의 철학자이자 작가이다. 그는 동양철학을 받아들여 서양의 개인주의, 합리주의 사상과 융합해 독자적인 초월주의 철학을 발전시켰다. 그의 보상Compensation 이론은 '우주에는 균형과 정의가 존재하며, 모든 것에는 그에 상응하는 대가가 따른다'라는 통찰을 담고 있다.

에머슨은 우주를 이원성으로 가득 찬 곳으로 보았다. 빛과 어둠, 기쁨과 슬픔, 득과 실 등 만물은 서로 짝을 이루며 존재한다. 이러한 이원성은 단순히 반대되는 개념이 아니라, 서로를 보완하고 균형을 이루는 필수 요소이다. 에머슨은 이러한 균형을 '보상'이라는 개념으로 설명한다.

에머슨의 보상 법칙에 따르면, 한 부분이 진보하면 즉시 다른 부분이 후퇴한다. 하나를 잃으면 다른 하나를 얻고, 하나를 얻으면 다른 하나를 잃는다. 이러한 보상은 물질뿐만 아니라 정신, 도덕에도 적용된다. 부자가 되면 명예와 권력을 얻지만, 동시에 책임과 불안감이 생긴다. 보상이론은 주고받음에는 절대적인 균형이 있다고 말한다. 즉 모든 일에는 그에 맞는 값을 치러야 한다는 원칙이다.

중년의 균형은
보상에서 시작된다

융은 무의식이 '대극이론'과 더불어 에머슨이 말한 '보상이론'의 원리로 작동한다고 보았다. 보상이론은 무의식이 어떻게 우리의 심리적 균형을 맞추려 하는지를 설명한다. 의식의 한쪽 측면이 지나치게 발달하거나 억압되면, 무의식이 균형을 회복하라는 신호를 보내는데, 그 신호는 꿈을 통해 나타난다고 한다.

예를 들어 현실에서 지나치게 이성적인 사람은 꿈에서는 감정적이거나 충동적인 내용이 나타날 수 있다. 이는 억눌린 감정적 측면을 보상하려는 시도로 해석될 수 있다. 자신감이 부족한 사람은 꿈에서 영웅적인 행동을 하거나 성공하는 모습으로 나타날 수 있다. 현실에서 부족한 모습을 꿈에서 보상받으려는 심리적 작용이다.

융은 1923년부터 취리히 호숫가 볼링겐에 탑 모양의 집을 직접 돌을 쌓아 지었다. 이후 32년 동안 차츰 공간을 확장해 나갔다. 이 집은 중세시대의 집처럼 현대적인 시설이 전혀 없었다. 등을 켜고, 우물에서 물을 길어 올리고, 나무로 불을 지피며 생활했다. 이 집은 그가 일상 속에서 지나치게 지적이고 이성적인 연구 활동에 골몰 하던 삶을 보상해주는 공간이었다.

융은 이 볼링겐의 집에서 휴식과 재생을 깊이 경험했다. 마치 어머니 품처럼 아늑하고 편안한 감정을 누렸고 여기서 얻은 힘은 그의 일상 속에서 이루어지는 대단히 복잡한 내면세계의 연구에 대한 보상으로 작동했다.

중년에는 그 어느 때보다 심리·정서·환경적으로 대극이 발생할 수 있다. 우리는 치열한 일상을 보내면서도, 그만큼 자신에게 필요한 보상이 무엇인지 돌아보고 탐색할 필요가 있다. 분명한 점은 일상이 치열할수록 그만큼 반대되는 보상이 더 크게 요구된다는 점이다.

만일 이것을 무시하고 계속 억누른다면, 우리의 무의식은 결국 증상이라는 방식으로 해결하려고 할 수 있다. 그래서 삶이 한쪽으로 지나치게 치우쳐 있다면, 반대 방향의 보상을 의식적으로 찾아 균형을 맞출 필요가 있다. 사실 과도한 보상적 행동에는 언제나 균형을 이루려는 의도가 숨겨져 있다. 그렇기에 무의식이 강제로 끌고 가기 전에, 의식적으로 스스로 균형을 잡는 보상 방식을 찾는 일이 중요하다. 균형을 맞추려는 보상은 말 그대로 사람마다 다르다. 삶의 방식과 양식이 다르듯이 보상을 찾는 방법도 제각각일 수밖에 없다.

실제로 보면, 무의식적 보상은 적대적인 조치로 나오는 것이 아니라 정신의 균형을 회복하는 데 도움을 주기 위해 일어난다.

_카를 융,《융합의 신비》

Edvard Munch, ‹The Sun›

갑작스러운 방향 전환의 시기가 온다

> 삶은 파괴와 창조가 동시에 일어나는 에난치오드로미아의 법칙을 따라야 한다.
>
> **_카를 융, 《니체의 차라투스트라》**

나는 유학 시절, 나와 동갑인데도 이미 대학 교수가 된 지인을 몹시 부러워했다. 나는 앞으로 갈 길이 구만리 같이 느껴지는데 그 친구는 20대 후반에 교수 자리에 올랐으니 비교할수록 괴롭고 힘들었다.

하지만 이제는 나도 대학 교수 생활을 벌써 20년이 넘게 해왔다. 가만히 생각해보니, 만일 내가 20대 후반에 교수가 되었다면, 교수생활을 40년 가까이 하게 되는데, 생각만 해도 아찔하다. 물론 사회 초년생에게 남들보다 빨리 자리를 잡는 일은 큰 행운이지만, 전체 인생을 보아서는 결코 행운만 있는 것은 아니다. 어떻게 똑같은 생활을 40년 가까이 한단 말인가? 나는 늦게 자리를 잡은 대신 젊은 시절을 유럽에서 보낼 수 있었고, 그 경험은 지금도 내게 소중한 추억으로 남아 있다. 돌이켜보니, 결국 부러워할 일이 아니었던 셈이다.

**중년에 반대로
달리는 이유**

초콜릿은 처음 먹을 때는 달콤하고 맛있지만, 매일 먹는다면 고통이다. 융은 어떤 상태가 극한에까지 이르면 그다음에는 반대로 넘어가는 현상을 '에난치오드로미아 Enantiodromia'라고 불렀다.

이 말은 그리스 철학자 헤라클레이토스가 대극의 원리를 설명하기 위해 사용한 '반대로 enantio'와 '달린다 dromia'가 합쳐진 말이다. '대극의 반전'을 뜻하며, 어떤 힘이 지나치게 강해지면 그 반대되는 힘이 필연적으로 발생하여 균형을 이루려는 현상을 말한다. 끊임없이 변화하면서 서로 대립하는 것들 사이에 존재하는 특별한 의존 관계를 서양에서 처음 말한 철학자가 바로 헤라클레이토스였다.

중년에 들어서면 좋은 쪽이든, 나쁜 쪽이든 갑자기 성격이나 삶의 방향이 크게 바뀌는 사람들을 종종 볼 수 있다. 방탕하게 살

앉던 사람이 종교생활에 열중하거나 '샌님' 소리 들으면서 모범생처럼 살았던 사람이 유흥에 빠져들어 문제를 일으키기도 한다. 잘 다니던 회사를 그만두고 행복을 찾아서 하고 싶은 일을 하겠다거나, 잘 유지되었던 결혼생활을 갑자기 깨트리고 이혼의 고통에서 허우적거리거나, 뒤늦게 이민을 가는 등 중년에 갑작스러운 방향 전환을 하는 사람들이 있다.

이런 변화는 단순한 변덕이 아니다. 어느 한쪽 성격이 지나치게 강해지면, 그동안 억눌려 있던 열등한 성격이 반대로 튀어나와 갑자기 활성화된다. 결과적으로 평상시 성격과 전혀 다르게 행동하게 되고, 이것은 돌발적이고 충동적인 행동으로 보인다.

중년에 들어서면 어느 한쪽으로 치우친 삶을 살게 되었음을 느낀다. 그러다 보면 마치 모든 에너지를 다 짜내버린 것처럼 방전된 느낌을 받기도 하고, 이유를 알 수 없는 공허감이 밀려오며, 예전의 활력이 사라졌음을 깨닫게 된다. 특히 중년에 갑작스러운 방향 전환을 시도하려는 사람들은 이러한 위기감을 강하게 느낀 경우가 많다. 융은 이렇게 설명한다.

중년에 얻은 사회적 성공이나 젊은 시절의 목표 달성은 사실 자기 내면의 인격 일부를 억누르거나 무시한 결과일 수 있다.

인간의 삶은 의식과 무의식처럼 대극으로 이루어져 있다. 이 대극 사이에 힘의 균형이 깨져서 한쪽이 지나치게 강해지면, 다른 쪽은 위축되고 열등해진다. 하지만 자연과 우주는 어느 하나의 독주를 원하지 않으며, 깨어진 두 대극 사이에는 균형을 이루려는 원심력이 작동한다. 즉 억눌리고 열등해졌던 한쪽이 반작용을 일으켜 균형을 되찾으려 한다. 그리고 이것은 '인생의 변곡점'이라고 할 만한 강한 반전을 반드시 불러온다.

**억눌린 자아는
반전을 불러온다**

정신적 에난치오드로미아는 집단 무의식 속 원형에 사로잡혀 자아가 팽창하거나 축소하는 과정을 겪는 사람에게서 주로 나타난다. 융은 이런 상태를 "신경증 환자는 화나거나 방치된 신과 같다"고 표현했다. 즉 신경증 환자의 자아가 심하게 편향되어서 반대 힘이 폭발하는 에난치오드로미아에 쉽게 노출된다는 뜻이다.

중년은 그 어느 시기보다도 에난치오드로미아가 발생할 가능성이 높은 시기다. 중년까지 살아오면서 특정한 삶의 방식과 태도에 고착되기 때문이다. 아무리 옳은 가치라 하더라도, 그것만 지나치게 강조되면 반대되는 가치가 억눌려 무의식 속에 쌓인다. 이 억눌린 힘이 임계점에 다다르는 순간 무의식에서 폭발해 기존의 균형을 깨고 반전을 일으키게 된다.

　융은 이러한 에난치오드로미아를 다루는 과정을 개인의 정신 성장을 위한 필수 요소로 보았다. 그동안 억눌려 무시된 성격을 다시 통합하고, 감추었던 페르소나와 그림자를 직면하고 받아들일 때, 사람은 더욱 성숙하고 균형 잡힌 인격으로 발전할 수 있다.

강점은 약점이 되고,
약점은 강점이 된다

> 사무침이 극에 달하면 오히려 웃음이 나오고, 기뻐 뛰어오를 듯한 마음이 극에 달하면 도리어 눈물이 나온다네!
>
> _육소형,《취고당검소》

《다윗과 골리앗》의 저자 말콤 글래드웰은 이렇게 말했다.

강자는 보이는 것만큼 강하지 않고, 약자도 보기보다는 약하지 않다.

성경에 나오는 거인 골리앗은 이스라엘을 떨게 만든 무시무시한 거인이었지만, 사실 그의 거대한 몸집은 그가 가진 최대 약점이었다. 강자가 가진 최대의 강점이 오히려 약점이 될 수 있다는 생각이 바로 에난치오드로미아 현상을 보여준다. 우리 속담에 '쥐도 고양이를 문다'는 말이 있다. 이 말처럼 약자도 극한 상황에 몰리면 강자에게 필사적으로 저항할 수 있다.

진짜 강한 사람은 단순히 강하지만은 않다. 그는 자신의 강함과 그 이면에 있는 약함을 알고 강약을 조절할 수 있는 균형 잡힌 사람이다. 다시 말하면, '과한 것은 모자람보다 못하다'는 동양철학의 중용 사상과도 연결된다. 중용 사상은 전쟁에서든 일상에서든 삶 전체를 관통하는 지혜를 알려주는《주역》이라는 책에서 나온다. 융은《주역》에 매료되어 오랫동안 연구했고, 여기서 에난치오드로미아의 정신이 꽃이 피었음을 발견한다.

물극필반의 지혜에서
균형된 삶을 배우라

인간 정신과 그로부터 파생된 모든 현상은 음양의 대극으로 구성되어 있다. 두 대극 요소 사이의 균형이 심각하게 무너지고 한쪽이 지나치게 강해지면, 반드시 보상 원리에 의해 큰 변화가 일어난다. 서양에서는 이것을 에난치오드로미아라고 부르고, 동양의《주역》에서는 물극필반物極必反이라고 한다.

물극필반의 뜻은 "어떤 것이 극한에 이르면 반드시 반대로 바뀐다"는 것이다. 예를 들어 행운이 계속되면 그 끝은 길함으로 끝나지 않고, 어느 순간 불운으로 뒤바뀐다. 반대로 불운이 계속되더라도 영원히 불운하지 않고, 결국 행운으로 바뀌게 된다. 이러한 물극필반의 원리에 따르면 영원한 행복도, 영원한 불행도 없고, 영원한 것은 오직 변화뿐이다. 일상의 예로 보면, 음식에서 소금 간이 적당하면 맛있지만, 지나치게 짜면 오히려 고통이 된다. 이것이 바로 물극필반의 원리다.

명나라 말기 육소형이 쓴 《취고당검소》에는 다음과 같은 내용이 있다.

> 하늘이 사람에게 재앙을 내리려면 작은 행운을 내려 그를 교만하게 만드나니, 그가 감당할 수 있는지를 보려는 것이다. 하늘이 복을 내리려면 먼저 작은 재앙을 내려 그를 경계하나니, 그 스스로 헤쳐나갈 수 있는지를 보려는 것이다.

우리는 중년에 어쩔 수 없이 행운이 불운으로, 불운이 행운으로 바뀌는 물극필반의 과정을 목격하게 된다. 청년기에는 하나의 목표만 바라보고 치열하게 달리느라 이런 변화를 잘 알아차리지 못하지만, 인생을 어느 정도 살아온 중년이 되면 그것을 관찰하고 깨닫게 된다.

우리 인생에서 발생하는 물극필반의 현상을 알게 되면 닥친

일에 일희일비하지 않고 전체적인 시각에서 조망하고, 관대하게 세상을 보는 여유가 생긴다.

물극필반의 원리에 따르면 승리하는 그 순간이 또한 패배로 향하는 전환점이 된다. 어느 쪽도 최종적이고 영원한 승리를 얻을 수 없다. 그러므로 인간은 자기 내면과 외부 세계, 즉 자아와 환경 사이의 조화를 이루며 살아야 한다.

결국 내적 자아와 주변 세계 사이에 조화를 이루어야 인생의 모든 일들이 평탄하게 흘러갈 수 있다. 대극 사이의 균형이 깨어졌을 때 작동하는 것이 물극필반인 셈이다. 모든 것의 핵심은 견제와 균형의 원리이다.

**변화에는 일방성이 아닌
중용의 자세로 임하라**

중년은 변화의 소용돌이 속에서 심리적으로 큰 압박을 받는 시기다. 융은 "가만히 의식을 내려놓을 수 있는 방법을 찾아라"라고 조언한다. 가만히 의식을 내려놓는다는 말은 마음에 차고 넘치는 정보와 소음으로부터 거리를 두라는 뜻이다. 스마트폰, TV 등 일상 속에서 수없이 과도하게 반복하던 행동과 의존하던 도구들로부터 잠시 거리를 두라는 말이다.

그 대신 내 삶 속에 있었지만 사용하지 않고 방치해 두었던 일이나 활동들을 꺼내어 다루어보자. 우리에게 요구되는 건강한 삶의 자세는 한쪽으로만 뻗어나가는 일방성이 아닌 조정과 균형, 중용의 태도이다.

변화가 없이는
자기실현에 도달할 수 없다

―― 어느 단계에서 최선의 진리인 것도 다른 단계에선 최악의 독이 될 수 있다.

_카를 융, 《니체의 차라투스트라》

독일에서 유학을 했을 때, 우리 부부가 세 들어 살던 집주인은 아흔에 가까운 독일 할머니였다. 가끔 지나가다 만나면 만만치 않은 독일 할머니의 기운이 느껴졌다. 기본적으로 친절했지만, 세입자가 지켜야 할 규칙에는 엄격했다.

어느 날, 할머니는 자신의 어린 시절 꿈 이야기를 나에게 들려주었다. 제2차 세계대전이 끝나고 몇 년 뒤에 전쟁이 일어나는 꿈을 꾸어 너무 놀랐는데, 그다음 날 먼 한국 땅에서 전쟁이 반발했다는 뉴스를 접했다고 했다. 그래서인지 할머니와 대화하다 보면, 그의 시선은 늘 '6·25 전쟁의 나라, 코리아'에서 멈춰 있는 듯했다.

나는 1990년대와 2000년대 초반을 유럽에서 유학생으로 지냈다. 당시 독일인들은 한국인을 간호사와 광부를 파견한 나라로 기억하거나, 동남아의 여러 나라와 혼동하곤 했다. 당시만 하더라도 한국은 이미 엄청난 경제 성장을 이뤘지만, 여전히 독일인의 눈에는 전쟁의 참상 속에 있는 가난한 나라라는 이미지였다.

하지만 최근 선진국이 된 한국의 위상은 크게 달라졌다. 독일에서 연구년을 보내고 돌아온 한 동료 교수는 "지금은 독일인들이 한국의 이미지를 너무 다르게 보고 있어서 놀랐다"고 말했다. 사실 독일에서 유학할 때, 가장 어려운 일은 비자 받는 일이었다. 유학생 신분으로 늘 체류 기간을 연장해야 했고 그때마다 가난한 나라 대접을 받았으며, 불법 체류를 의심해서 몹시 힘들게 심사를 받았다. 그런데 동료 교수의 말에 따르면, 비자 발급이나 취업을 할 때 지금 한국 사람들은 서유럽의 한 나라 국민처럼 대접받는다고 한다. 모든 것은 정말 변화한다.

같은 강물에는
두 번 들어갈 수 없다

그리스의 철학자 헤라클레이토스는 "같은 강물에 두 번 들어갈 수 없다"고 말하며, 세상의 모든 것은 끊임없이 변화한다고 강조했다. 세상에서 변화하지 않는 유일한 원리가 있다면, 그것은 바로 변화 그 자체이다.

중년의 변화에 대한 요구는 반드시 위기와 함께 찾아온다. 직장의 불안, 투자 실패, 가족과의 갈등, 대인관계 어려움 등 다양한 위기의 상황에서 변화를 촉구한다. 청년 시기와 중년 시기의 위기는 근본적으로 다르다. 청년은 목표를 향해 앞으로 나아가기 위한 갈등이라면, 중년의 갈등은 기존에 유지하던 패턴과 관성이 주변 상황과 충돌하는 데서 비롯된다. 이는 곧, 유지해오던 패턴과 관성을 내려놓고 변화를 선택하라는 강력한 주문인 셈이다.

그러나 많은 사람들은 이러한 요구 앞에서 버티려 하거나, 최소한의 변화만으로 현 상황을 유지하려 한다. 결국 우왕좌왕하며 위기가 삶 전체를 지배하게 된다. 그 결과 남을 탓하거나, 과거의 좋았던 순간만을 추억하거나, 현재의 불운을 원망하면서 소중한 시간을 허비하게 된다.

중년에 위기가 닥치면 많은 이들이 자신이 무언가 잘못했나 싶어 스스로를 자책한다. 그러나 중년에 찾아오는 변화의 요구는 잘못 때문이 아니라, 그것이 곧 인생의 자연스러운 흐름이기 때문이다. 봄, 여름, 가을, 겨울이 때가 되면 돌아오듯이 인생에 변화의 주기도 찾아온다.

변화는 우리 인생에 절대적으로 필요하다. 변화가 없다면 자기실현에도 도달할 수 없다. 변화의 핵심은 갱신, 즉 새로워짐이다. 중년에 필요한 것도 바로 이 갱신이다.

태양이 한낮에 이르면 기울기 시작하고, 달도 보름에 이르면 이지러지기 시작한다. 세상 만물은 끊임없이 변하기에 어떤 일이 끝나면 새로운 일이 시작된다. 이러한 변화를 체계적으로 설명한 것이 바로 《주역》이다. 서양에서는 《주역》이 《변화의 서change》로 번역되었다.

서양에서는 '존재sein'를 근본으로 인식했다면, 《주역》에서는 '변화'를 본질 자체로 본다. 《주역》에서 음과 양은 고정된 것이 아닌 끊임없이 변해가는 우주의 리듬을 뜻한다.

가장 무더운 여름에도 어김없이 가을을 알리는 입추가 찾아온다. 언제나 그렇듯이 자연의 순환이 찾아온다. 인기 스타가 어느 순간 대중의 관심에서 멀어지는 것도 잘못 때문이 아니라, 단지 변화의 순환 주기가 돌아온 것일 뿐이다.

중년은 이 변화의 요구가 본격적으로 다가오는 시기다. 기존에 성공을 가져다주었던 방식을 과감하게 버려야만, 다른 존재가 되는 갱신을 이룬다. 중년에는 더 이상 예전의 성공방식이 효과가 없다. 오히려 과거의 방식대로 살면 삶은 더욱더 위기에 처할 수 있다. 이제는 새로운 방식으로 삶을 다루어야 한다. 정말로 변화해야 할 때가 이른 것이다.

한쪽에 치우친 삶을 넘어
균형의 삶으로

변화의 순환 과정 속에서 우리의 삶은 이 상대적인 시간과 상대적인 공간 사이에 놓여 있다. 아무리 상황이 좋아도 때가 맞지 않으면 일이 성사되지 못하고, 아무리 좋은 때가 와도 잘못된 곳을 선택하면 일은 어그러지게 된다. 시간과 공간이 만들어내는 대표적인 순환이 계절이다. 계절마다 다르게 행동해야 살아갈 수 있듯이, 중년 역시 시시각각 변화하는 환경 속에서 새로운 적응을 요구받는다.

따라서 중년의 삶은 관성대로 같은 방식만 고집하는 것이 아닌, 자아의 균형을 맞추는 방식을 찾아야 한다. 융은 많은 신경증 환자들이 한쪽으로만 치우친 삶의 방식으로 살다가 신경증 환자가 되었다고 말한다. 지나치게 한 방향으로 살아왔던 방식을 바꾸어 결과적으로 양방향 전체를 바라보는 균형 잡힌 삶의 자세를 갖는 것이야말로 갱신의 핵심이다.

신경증 환자들은 자신이 일종의 음모의 망에 갇혀 있다고 느낀다.
신경증 환자들은 해로운 투사로 고통을 겪으면서도 언제나 투사를 야기한다.

_카를 융, 《니체의 차라투스트라》

Marianne Stokes, ‹Death and the Maiden›

극심한 고통 가운데
치유가 있다

> 그들의 표면적인 증상은 자아와 무의식 사이에 벌어져 있는 틈이 메워지는 순간 사라진다.
>
> _카를 융, 《자아와 무의식의 구조와 역동》

인류 역사상 가장 참혹했던 제1차 세계대전에서, 전쟁터의 병사들은 전투와 관련된 꿈보다 고향을 그리는 꿈을 더 자주 꾸었다. 그것은 가혹한 현실에 대한 보상 작용이었다. 정신과 군의관들은 어떤 병사가 전쟁 장면을 너무 많이 꾸면 그를 전선에서 떠나게 했다. 외부의 충격적인 이미지에 저항할 '정신적 힘'이 더 이상 없기 때문이었다. 이는 병사가 가혹한 현실로부터 자신을 보호할 대극적 균형의 힘을 상실했음을 보여준다.

인간의 삶과 모든 원형은 밝고 어두운 양면성을 지닌다. 성공과 실패, 밝음과 어두움, 아름다움과 추함처럼 수많은 대극으로 이루어진 세상 속에서 대극들의 긴장과 갈등은 인간의 일상에서 고통으로 드러나곤 한다. 융은 살아 있는 사람에겐 "절대적으로 안전한 장소가 없다"라고 말했다. 오히려 의심과 불안은 우리 삶을 구성하는 불가피한 요소라는 것이다. 결국 모든 정신 현상은 대극의 긴장과 갈등을 겪으며, 이를 통합해 나가는 과정 속에서 전개된다. 대극이 정신의 기초라는 전제는 곧, 그 대극이 만들어내는 고통 또한 삶의 일부임을 의미한다.

인내하며 만들어지는
자기 치유를 믿으라

서양에서는 고통을 약물로 해결하려 했다고 융은 말한다. 동양에서는 고통을 개인적인 문제로 여기기보다는 삶의 일부로 받아들이고 초월하려고 했다. 《주역》의 박剝 괘는 절망적 위기 상황을 다룬다. 극심한 기근 속에서 농부가 내년을 위해 준비한 종자까지 먹어야만 하는 절박한 상황에서도, 희망을 버리지 말고 끝까지 참고 견디라는 가르침을 전한다. 여기에는 '모든 것은 지나간다'는 삶의 자세가 담겨 있다.

융은 고통을 극복하는 유일한 길이 그것을 '견디는 것'이라고 말한다. 정신적으로 고통받는 사람에게 "견뎌라"라는 말은 공허하게 들리고, 오히려 분노를 불러일으킬 수도 있다. 그럼에도 융은 인내하고, 견뎌내는 수밖에 답이 없다고 말한다. '인내'라는 말은 '고통에 처방은 없다'라는 뜻이라기보다 인내하며 만들어지는 '자기 치유의 힘'을 기다리라는 뜻이다.

우리의 꿈은 실제 내용을 변형하여 상징으로 바꾸어 놓는다. 꿈속에 등장하는 인물 대부분은 실제 인물이 아니다. 아는 누군가를 꿈속에서 본다면 실제로 그와 관련된 내용이 아니며, 그의 모습을 빌려 상징의 언어로 무언가를 보여주려는 것이다.

우리에겐
초월적 기능이 있다

나와 상담을 하던 20대 남성은 여자 친구와 이별하고 대단히 고통스러워했다. 둘 사이의 관계는 끝이 났지만, 그는 상대를 잊지 못하고 이별을 받아들이지 못했다. 그 결과 그는 우울과 무기력, 상실감 속에서 깊은 패배감과 절망에 시달렸다.

그는 밤마다 여자 친구에 관련된 꿈을 꾸었다. 처음에는 대부분 상징으로 변형되어 있어서 분석을 해야만 이 꿈이 여자 친구에 관한 내용임을 알 수 있었다. 하지만 어느 순간부터 더 이상 상징으로 변형되지 않고 실제 인물이 꿈에 등장했다. 그럴수록 그는 심적 고통을 최고조로 느꼈다. 나는 자살로 치닫는 위험까지 염려

하지 않을 수 없었다. 그의 내면은 꿈의 내용을 변형시킬 정신적 저항력이 거의 없어진 상태였기 때문이다.

이 남성의 고통이 최고조에 다다르는 지점에 오자, 그의 꿈에 새로운 대극이 나타나기 시작했다. 일상에서 느끼는 패배감, 상실, 무기력의 내용이 꿈에도 여전히 등장했지만, 동시에 꿈과 대비되는 위안과 쉼, 한숨 돌리게 하는 작은 평화의 장면들도 꿈에 나타난 것이다.

그는 극심한 고통 속에서 조금씩 자기를 치유하고 있었다. 융은 인간의 마음 중심에는 스스로 상처를 치유하고 자기실현으로 이끄는 힘, 즉 '초월적 기능 Transcendent Function'이 존재한다고 말했다. 초월적 기능은 의식과 무의식 사이 대극의 갈등을 초월하게 하고, 제한된 상황을 벗어나 새로운 삶과 활력을 얻을 수 있게 만든다.

우리의 마음속 '자기'에 자리 잡은 치유 에너지는 무의식을 의식함으로써 서서히 활성화된다. 의식과 무의식이 하나로 통합될 때 대극 갈등은 융합되고, 혼란에 질서를 부여하고 중심을 잡을 수 있다. 치유는 이렇게 서서히 이루어진다. 고통은 허기를 빨리 달래기 위해 허겁지겁 인스턴트 음식을 먹듯이 손쉽게 해결할 수 없다. 고통을 극복하기 위해서는 기다리고 견딤이 반드시 필요하다. 융의 말처럼, "귀한 것은 반드시 그만큼의 값을 지불해야 한다"는 사실을 기억해야 한다.

중년에게 최고의 미덕은
자기 성찰이다

> 가장 약한 것은 가장 강한 것과 통한다.
> _카를 융, 《레드북》

중년으로 들어서면서 아내의 잔소리가 몹시 늘었음을 느꼈고, 아들도 지적할 정도이니 분명 나만 느끼는 일은 아니었다. 내가 운전할 때 옆자리에 앉은 아내는 끊임없이 운전에 훈수를 두었고, 누군가와 전화할 때도 내가 상대방에게 전달하는 소통 방식에 이의를 제기했다.

나는 "밖에서는 누구도 내게 싫은 소리를 하지 않는다"라고 항변하기도 했지만 아내의 태도는 쉽게 달라지지 않았다. 그런데 더 큰 문제는 내 일상에서 무언가 문제가 생기면, 놀랍게도 아내의 충고를 무시하거나 흘려들었을 때 발생했다. 결국 문제는 갱년기를 지나며 잔소리가 많아진 아내가 아니라, 아무리 충고를 들어도 좀처럼 바뀌지 않는 나 자신이었다.

사실 중년에 접어들면, 반복되는 나의 실수나 잘못을 분명히 지적해줄 사람이 점점 줄어든다. 가까운 친구들조차 예전처럼 솔직하게 지적하지 못한다. 그렇기에 나를 곤란에 빠뜨리는 원인을 냉철하게 돌아보게 만드는, 따끔한 충고는 오히려 귀한 말이다. 어떤 사람이 따끔하게 말을 할 때 기분이 상하면서 거부하기보다 곰곰이 자신의 삶을 돌이키는 자기 성찰이 중요하다.

**내면을 단단히 세우는 힘은
뉘우침에서 나온다**

중년에 만나게 되는 어려움과 문제는 단순히 운이 나빠서 생긴 일시적 사건이 아닐 가능성이 크다. 그동안 살아온 생활 패턴과 삶의 방식 또는 세계관이 복잡하게 얽혀 나타나는 구조적인 문제일 수 있다.

인생의 초반부와 청년기를 지나온 중년은 이미 나름의 방식과 사고 틀이 굳어져 있다. 이 시기의 삶을 잘 적응하기 위해서는 끊임없는 변화가 필요하다. 그 흐름을 거부하면서 정체되면, 삶은 고통과 위기에 빠지게 된다. 그래서 중년에 요구되는 가장 중요한 덕목은 자기 성찰이다.

융이 동양에서 나온 책 중 최고로 꼽는 《주역》에는 인간 운명이 길하거나 흉한 것으로 끊임없이 바뀌는 변화의 흐름이 담겼다. 《주역》에서는 무턱대고 길하거나 흉한 것은 없다. 어떤 상황에서 어떻게 대응하고 반응하느냐에 따라 길해질 수도, 흉해질 수도 있다. 《주역》이 강조하는 핵심 태도는 바로 '뉘우침悔'이다. 인간 운명의 길함은 뉘우침이 있을 때 찾아오고, 뉘우침이 없을 때 흉함으로 기운다.

《주역》에서 건乾 괘는 스스로 강해지라고 가르치는데, 여기서 나온 말이 '석척약夕惕若'이다. 석척약은 "저물녘에 삼가 스스로를 돌이켜 반성하라"는 뜻으로, 자만에 빠지지 말고 시시각각 반성하라는 가르침이다.

서양 연금술이 황금을 얻는 것을 목표로 했다면, 동양 연금술은 불로장생을 꿈꾸었다. 그러나 두 전통 모두에서 중요한 것은 '변화와 성찰'이었다. 정신의 연금술에서 자기 성찰은 단순히 잘못을 반성하는 데 그치지 않는다. 오히려 무의식 속 잠재력을 발견하고 성장시켜, 궁극적으로 자기실현에 도달하는 과정이다.

중년에 요구되는 변화에는 '석척약'의 시간이 필요하다. 석척약의 시간은 자기 내면을 깊이 돌아보는 시간이다. 중년에 내면이 단단해지고 정신이 강해지면 외면도 굳세어지게 된다.

융은 중년에 이르러야 비로소 외부지향적인 태도에서 벗어나, 내면세계를 성찰하며 자기실현의 길에 본격적으로 들어선다고 말한다. 중년이 되면 그동안 미뤄두고 소홀히 했던 과제들이 마치 한꺼번에 청구되듯, 하나씩 우리 앞에 모습을 드러낸다.

따라서 중년에 내면세계를 돌보는 일은 단순히 자기 성찰에 머무는 일이 아니라, 오히려 외부 세계를 더욱 굳건히 살아낼 수 있는 힘을 기르는 일이다.

내 안의 동물적 본성을
인정하라

정신의 병 대부분은 본능적인 원형에서 벗어난 탓에 생긴다.
_카를 융, 《꿈의 분석》

동물학으로 노벨상을 받은 콘라트 로렌츠Konrad Lorenz는 개에 대해 최초로 깊이 있는 연구를 한 학자였다. 로렌츠에게는 '티토'라는 양치기 개 품종의 반려견이 있었다. 티토는 전 세계에 있는 수많은 개 중에서 가장 영리했다. 사람의 말을 알아듣는 수준이 "앉아, 서" 등 간단한 단어가 아닌 한 문장을 이해하는 수준이었다. 티토는 로렌츠가 가벼운 감기에 걸리거나 편두통에 걸려서 머리가 아플 때도 알아차렸다. 슬며시 다가와서 '지금 몸이 괜찮나요? 나는 당신을 지금 걱정하고 있어요'라는 표시를 할 정도였다. 심지어 로렌츠가 앓았던 우울증 상태도 감지했다고 한다.

이처럼 반려견은 단순한 동물이 아니라, 주인을 지켜주는 수호자이자 삶의 인도자로 자리해왔다. 만약 우리가 알 수 없는 야생 동물이 출몰하는 숲을 거닌다고 가정해보자. 그곳에서 반려견은 망설임 없이 주인을 지키는 안내자가 될 것이다. 그래서 고대부터 지금까지 개에게는 '수호자'와 '인도자'라는 상징적 의미가 부여되어 왔다.

물론 오늘날 편안한 집에서 키우는 반려견이 과연 나의 수호자이자 인도자인가 하는 의문이 들 수 있다. 그러나 시간을 거슬러 고대의 숲과 들판으로 돌아간다면 이야기는 달라진다. 들짐승과 뱀이 우글거리고, 인간조차 먹잇감이 될 수 있었던 그곳에서 개는 분명 인간을 지켜주는 든든한 수호자였을 것이다.

개,
순화된 본능의 상징

아스클레피오스는 고대 그리스와 로마의 치유의 신, 의학의 신이다. 지금도 국제보건기구 등지에서 치유의 상징으로 사용된다. 유럽 여행을 가면 보이는, 병원이나 약국 앞에 뱀이 막대기를 휘감고 있는 상징이 바로 그를 가리킨다.

고대 그리스와 로마에서는 병에 걸리면 환자들이 신전으로 향했다. 신전에 가서 신관들에게 치유와 돌봄을 받으며, 잠을 자면서 치유의 신 아스클레피오스가 꿈에 나오길 기다렸다. 아스클레피오스는 특히 두 가지 상징으로 표현되었다. 하나는 뱀이었고, 다른 하나는 개였다. 환자들은 꿈속에서 이 둘 중 하나라도 보면, 치유의 신이 다녀갔다고 여겼다.

야생 동물인 늑대는 무서운 동물적 본능을 의미하며 야수적 본성을 상징한다. 그렇다면 왜 개였을까? 개는 늑대가 가축이 된 종이다. 늑대는 가축화된 다른 동물들에 비해 스스로 우리 인간의 친구가 되었다. 무의식에서 개의 상징은 우리 안에 있는 동물적 본능 중에서 통제할 수 있는 본능의 소리이다.

오늘날 우리 현대인들은 더 이상 원시인들처럼 자기 본능에 따라 살지 않는다. 우리는 문명이라는 이름 속에서 스스로 통제하고, 억압하고 그리고 사회화하며 살아간다. 그러다 보면 지나치게 자기의 본성을 억누르고 억압하게 된다.

무의식은 우리 현대인들에게 의식의 훌륭한 길라잡이, 친구, 조언자 역할을 한다. 무의식이 우리 삶에서 길라잡이와 조언자 역할을 할 때, 사용하는 언어이자 소통의 도구가 상징이다. 카를 융에 따르면, 모든 증상에는 어느 정도 유익이 있다고 말한다. 질병은 너무나 고통스럽지만 다른 한편으로는 질병을 겪으며 그동안 살아왔던 나의 방식을 바꾸라는 아주 강력한 신호를 받을 수 있다. 증상은 지나치게 한 방향으로 살아온 사람에게 삶의 균형을 되찾으라는 강력한 신호인 셈이다.

균형을 잃어버린 우리에게 무의식 안에 있는 동물적 본능의 소리가 필요할 수 있다. 그것은 억눌린 본성의 목소리이자 동시에 우리 삶에 필요한 치유와 회복의 힘일지도 모른다.

본능의 소리에 귀 기울일 때 회복이 나타난다

융 분석가이고 융의 제자였던 존 샌포드John Sanford는 무대 공포증으로 더 이상 무대에 설 수 없게 된 한 음악가를 상담했다. 음악가는 무대 공포증 때문에 무대에 설 수 없는 상황이 되자, 삶이 흔들렸고 어떻게든 이것을 해결하려 했다. 그는 오랫동안 자기 본능을 억압하고 참고 지나치게 길들여진 삶을 살았던 사람이었다.

상담이 끝나갈 무렵에, 그는 아름다운 해안가 도로를 운전하고 있었고, 자기 내면에서 '바다로 들어가라'는 알 수 없는 소리를 들었다. 순간, 그는 그 소리에 귀를 기울였다. 차를 세우고 양복을 입은 상태로 바다로 성큼성큼 걸어갔다. 바닷물이 목에 다 차 있을 때까지 걸어가서 그곳에서 멈춰 있었다. 그 순간 그에게 이루 말할 수 없는 마음의 평화가 찾아왔다. 그동안 그를 괴롭히던 불안감, 두려움, 앞으로 어떻게 살아야 할지에 대한 수많은 걱정이

차가운 바닷물 속에서 녹아내리듯 사라졌다. 바닷물에 몸을 담고 있는 그 감각에서 알 수 없는 편안함을 느꼈다. 그는 자기 내면에 있는 동물적 본성의 인도를 따랐다.

이는 억눌렸던 동물적 본능의 회복이다. 내 본능의 소리에 귀를 기울이고 그 본능과 어느 정도 화해할 때, 균형을 찾을 수 있다. 바로 이 지점에서 오래된 수호자의 상징인 개의 본성이 우리를 이끌어준다. 한쪽으로 지나치게 쏠렸던 방향에 균형을 잡아준다.

우리는 중년에 이르기까지 사회 속에서 늘 착하고, 성실하며, 우직하게 앞만 보고 살아왔다. 그러나 아무리 선하고 이로운 방식이라도 지나치면 균형을 잃기 마련이다. 삶의 방식이 한쪽으로만 치우쳐 흐르면, 무조건 참고 버티고 견디는 태도가 더 이상 유익하지 않다.

이때 무의식은 한쪽 방향으로만 흘러가는 방식에 균형을 맞추려 한다. 쉬고 싶고, 게으르고 싶고, 나태해지고 싶은 욕구를 내보낸다. 이때 거부하지 않고 이러한 동물적 본성을 우리 삶의 일부로 허락해야 한다. 그래야 고갈된 창조성, 정체되고 지루한 삶의 위기, 깊은 곳에 도사리고 있는 문제의 불균형을 바로잡을 기회를 얻는다. 우리가 무의식이 보내는 동물적 본성의 욕구를 허락할 때, 고대 치유의 신 아스클레피오스가 전해주는 치유의 경험이 우리 삶에서 이루어진다.

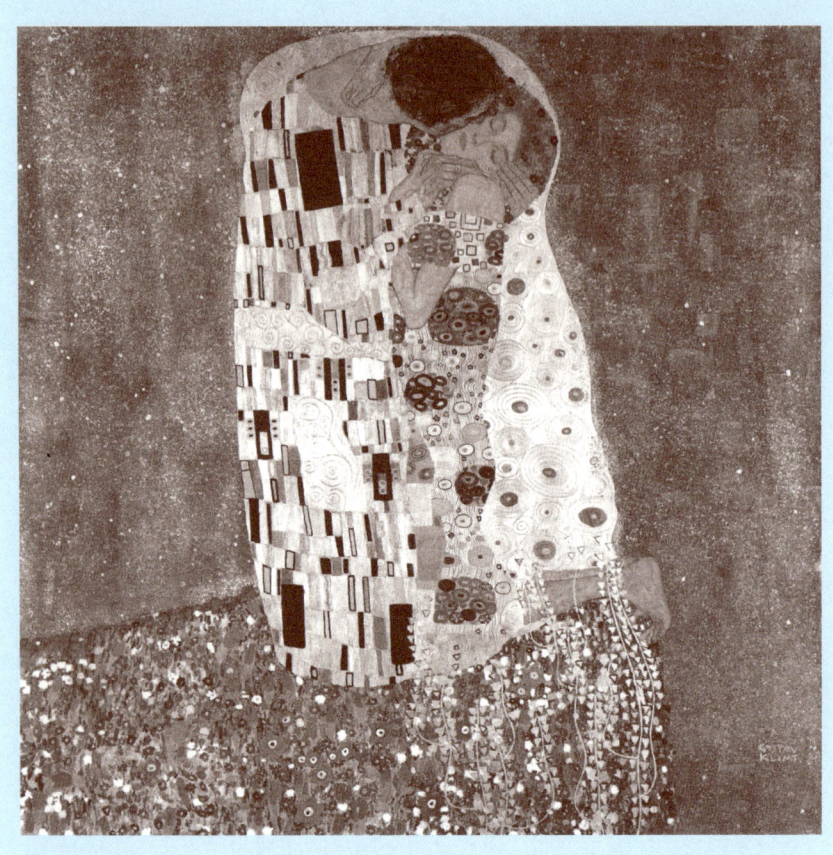

우리가 찾고 있는 것은 살아 있음에 대한 경험이다.
순수하게 육체적인 차원에서의 우리 삶의 경험은
우리의 내적인 존재와 현실 안에서 공명共鳴한다.
이럴 때 우리는 실제로 살아 있음의 황홀을 느끼게 되는 것이다.

_조셉 캠벨,《신화의 힘》

Gustav Klimt, ‹The Kiss›

고난은 반드시
기쁨으로 변한다

> 완벽한 삶은 높은 곳에서 낮은 곳으로, 낮은 곳에서 높은 곳으로, 외향에서 내향으로, 내향에서 외향으로 크게 이동하는 그런 삶이다.
>
> _카를 융, 《꿈의 분석》

학창 시절, 나는 따뜻한 인격을 가진 어느 교수님을 존경했다. 교수님이 들려주었던 이야기 중에 가난했던 미국 유학 시절이 기억에 남는다.

교수님이 미국에서 유학하던 시절, 당시 대부분의 학생들이 그러했듯 그도 생활고에 시달렸다. 학비와 생활비를 보충하기 위해, 그는 식당에서 접시닦이를 했다. 그러나 학업이 진전될수록 더 많은 시간이 필요했고, 그럼에도 아르바이트를 그만둘 수는 없었다.

어느 날, 그는 아르바이트와 공부에 지쳐 이제는 더 이상 버틸 수 없는 한계에 다다랐다. 평소처럼 식당에서 접시를 닦고 있었지만, 마음속에서는 '이제는 끝났다'라는 절망감이 밀려왔다. 꿈과 목표가 분명할 때는 아르바이트도 의미가 있었지만, 꿈을 잃어버린 순간 그것은 그저 고된 노동일 뿐이었다.

그날따라 힘겹게 일을 마치려던 순간, 식당 홀에서 한 손님이 그를 불렀다. 긴장하며 다가간 그의 앞에는 낯선 신사가 있었다. 신사는 식당에 올 때마다 그가 묵묵히 성실하게 일을 하는 모습을 지켜보았다고 했다. 분명 외국에서 공부하는 유학생이라고 생각했으며, 그날 마음속 깊은 곳에서 그의 학업을 돕고 싶다는 감동이 일어났다고 말했다. 신사는 주저하지 않고 그의 유학 생활을 후원하겠다고 제안했다.

전혀 생각지 못했던 일이었다. 삶에 지쳐 꿈과 목표마저 잃어가던 한 유학생에게 그날은 인생 최대의 날이었다. 가장 힘들었던 날이, 오히려 인생에서 가장 기억될 기쁨의 날로 변한 것이다.

**역풍의 지혜,
변화의 법칙을 따르라**

교수님이 경험한 반전의 날은 사실 우리 모두에게도 일어나는 일이다. 가장 힘든 순간이 기쁨으로 바뀌고, 승리라 믿었던 순간이 도리어 고통으로 변화하는 일은 우리의 인생에서 수없이 펼쳐진다. 불운이 행운이 되고, 행운이 불운이 되기도 한다. 동양인들은 이러한 진리를 '새옹지마塞翁之馬'라는 고사성어로 잘 표현해왔다.

순자는 '우불우자시야禹不遇者是也'라는 말을 남겼다. 이 말은 "일이 잘되고 안 되는 데는 때가 있기 마련이다"는 뜻이다. 여기에는 순풍이 역풍으로 바뀔 때를 대비하라는 가르침이 숨어 있다. 이 말 아래에서 동양인들은 운이 따르더라도 들뜨지 않고, 오만해지지 않으려고 주의를 경계했다. 바로 '역풍'을 경계했던 것이다.

역풍이라는 개념은 카를 융의 에난치오드로미아와 연결된다. 어느 한쪽이 일방적으로 우세해지고 힘을 압도할 때 나타날 수 있는 반전 현상인 역풍은 대극의 반전, 에난치오드로미아를 가리킨다. 작은 행운을 얻으면 기쁘고, 더군다나 연이어 행운이 계속되면 없던 자신감이 생기면서 마음이 풀어져 해이해지고 교만해진다. 이것은 불행의 씨앗으로 작용하여 더 큰 불행을 불러온다. 그리하여 동양에서는 또 다른 말로 과유불급過猶不及, 즉 '지나친 것은 모자람만 못하다'라는 말로 이 법칙을 요약했다.

노자의 《도덕경》에서도 같은 가르침이 등장한다. 《도덕경》에는 "모든 사물은 지나치게 왕성하면 곧 쇠퇴하게 마련이다"라는 말이 나온다. 이는 인생을 지배하는 근본적인 힘이 바로 변화임을 일깨워준다. 만물은 절대적이지 않으며, 세상사는 끊임없이 변한다는 뜻이다.

인생은
반전 드라마이다

국민적 관심을 끌었던 드라마 〈폭싹 속았수다〉에서 아무것도 없던 십대 애순이와 관식이가 부산으로 가출하며 좌충우돌할 때 이런 말이 나온다.

> 이때가 인생에서 최고의 봄날인 줄은 몰랐다.

가장 힘들고 어렵다고 여겨지는 순간이 뒤돌아보면 가장 행복한 시간임을 회상하는 말이다. 우리에게도 마찬가지로 가장 힘들다고 여겨지는 순간이 기쁨이 되는 인생의 반전은 언제든 일어난다. 힘들다고 여기는 순간을 어떻게 임하고 마주할지가 중요하다.

우리가 사는 세상은 한 치 앞도 모를 때가 많다. 이러한 불확실성이 불안과 두려움, 혼란을 일으키지만, 생각해보면 그만큼 인생에는 다양한 변화의 기회가 찾아올 수 있음을 의미한다.

인간 정신의 변화 과정을 보여주는 정신의 연금술은 절망과 어둠의 단계 nigredo가 극적으로 정화와 깨달음의 단계 albedo로 전환하는 과정을 거친다. 거기에 반전(에난치오드로마아)이라는 역동적인 힘으로 인간 정신은 더욱 심오한 수준에서 통합될 수 있다.

고난과 어려움이라 믿었던 시간이 기쁨과 감사로 변하는 인생의 반전 드라마가 우리에게도 가능하다는 것. 그 사실 하나만으로도 우리의 삶은 충분히 살아볼 가치가 있는 여정으로 빛난다.

Richard Bergh,
‹*Nordic Summer Evening*›

어떤 늙은 연금술사가 제자에게
다음과 같은 말로 위로를 했다.
"네가 얼마나 고립되었고, 고독하다고 느끼든
너의 일에만 충실하고 성심껏 일한다면,
모르는 친구가 와서 너를 찾을 것이다."

_카를 융, 〈미구엘 세라노에게 보낸 편지〉

에필로그

나의 운명은 내 것도,
네 것도 아니다

사람들이 너무 많이 포기하고 내버려두고 겉으로 잊어버린
체하고 있을 경우,
그 포기한 것과 내버려둔 것이 두 배의 힘으로 되돌아올
가능성과 위험이 상존한다.

_카를 융, 《기억, 꿈, 사상》

《가족의 두 얼굴》을 출간한 후 거의 매년 대중 서적을 출간하다 보니 나는 어느새 다작하는 작가가 되어 있었다. 그러나 실제로 이 책의 집필을 준비한 기간은 그 어느 때보다 길었다.

2002년 7월 독일 본에서의 유학을 마치고 한국으로 귀국하기 전날, 자주 가던 서점에서 마지막으로 책을 구입했다. 바로 카를 융의 저서 《심리치료의 실제 Praxis der Psychotherapie》였다. 심리학자에게 융은 너무나 유명하지만 동시에 넘기 힘든 거대한 산처럼 여겨지는 인물이다. 우연을 가장한 필연처럼 눈에 들어온 융의 책

을 들고 와 한국에 귀국해서도 틈틈이 읽었다. 출장을 가거나 외국 여행을 떠날 때도 언제나 융의 책들이 가방에 들어 있었다. 어느 순간부터는 융의 제자들이 남긴 도서들로 관심이 옮겨갔고 나의 융에 대한 이해의 폭도 점점 넓어져 갔다.

약 15년 전 융의 이론으로 책을 쓰겠다고 했던 결심이 《나로 살기에 아직 늦지 않았다》라는 결실로 나오게 되었다. 이 책을 쓰면서 나 또한 중년의 시간을 보냈다고 해도 과언이 아니다. 중년의 시기에 특별하게 찾아오는 위기와 혼란, 그리고 인생에서 겪어야 하는 통과의례와 같은 모든 문제에 대해 융은 마치 지혜로운 현자처럼 대답을 해왔고, 거기에 귀 기울인 결과 나는 아래와 같은 깨우침을 또한 들을 수 있었다.

> 인간은 그가 자신의 주인이 아니라는 것을 알아야 한다. 운명의 실제 지배자로 보이는 심리 세계의 다른 면을 세심하게 공부해야 한다는 사실을 배워야 한다.

이제는 다른 인생의 방식이 필요하다

융이 우리에게 들려주는 집단 무의식의 이야기들은 중년에게 현재의 삶을 돌아보게 하는 계기를 선사한다. 매사에 주어진 것에

충실한 사람에게는 끊임없는 양보가 요구된다. 힘겨운 일에 매달려야 하고, 잠깐의 즐거움조차 포기해야 한다. 이것은 나름의 생산적 결과를 낳지만, 언제까지나 지속할 수는 없다. 아무리 옳은 방향이라 해도 한쪽으로 치우친 삶은 균형을 깨트리게 하고 내면에 갈등을 일으킨다. 무의식과 의식이라는 두 대극으로 시작해서 수많은 대극 사이에 균형을 유지하려면 무의식의 존재를 인정하고, 그와 대화하는 삶이 필요하다.

융의 심리학 안에는 중년을 살아가는 사람을 위한 동서양의 지혜가 담겨 있다. 중년이 시작된 후 우리의 삶은 우리를 앞서서 살아간 수천 세대 사람들의 삶과 연결된다. 중년에 감행한 중요한 선택과 결정이 치밀하게 의식적으로 생각하고 판단한 결과인 것 같지만, 사실은 집단 무의식의 영향에 의해 이루어진 일임을 융 심리학은 말해준다.

중년에 밀려오는 마음의 고통은 더 이상 참거나, 억압하거나, 회피하는 방식으로는 해결이 어렵다. 오히려 더 큰 고통으로 이어질 수 있다. 이젠 다른 인생의 방식이 필요하다. 중년 이후 하루하루 무언가에 쫓기거나 조급하게 동동거리면서 주어진 결과에 절망하거나 낙심하고 있다면, 자신을 향해 더 세게 채찍질하며 밀어붙이고 있다면 "이것이기도 하고 저것이기도 하다"는 융의 조언을 새겨보자. 그리고 대극적인 것들의 합일을 이루어내는, 상처를 보석으로 바꾸는 '정신의 연금술'을 배워보자. 진정한 나로 살기 위한 변화의 시점은 다른 때가 아닌 바로 '지금'이라는 것을 인정할 수 있을 것이다.

융과 함께 다시 시작하는 인생 수업
나로 살기에 아직 늦지 않았다

1판 1쇄 인쇄 2025년 11월 12일
1판 1쇄 발행 2025년 11월 19일

지은이 최광현
펴낸이 고병욱

책임편집 김경수 **기획편집** 한희진
마케팅 안선욱 황혜리 황예린 권묘정 이보슬 **디자인** 공희 백은주
제작 김기창 **관리** 주동은 **총무** 노재경 송민진

펴낸곳 청림출판(주)
등록 제2023-000081호

본사 04799 서울시 성동구 아차산로17길 49 1010호 청림출판(주)
제2사옥 10881 경기도 파주시 회동길 173 청림아트스페이스
전화 02-546-4341 **팩스** 02-546-8053

홈페이지 www.chungrim.com **이메일** cr2@chungrim.com
인스타그램 @chungrimbooks **블로그** blog.naver.com/chungrimpub
페이스북 www.facebook.com/chungrimpub

ISBN 979-11-5540-260-3 03180

※ 이 책은 저작권법에 따라 보호를 받는 저작물이므로 무단전재와 무단복제를 금합니다.
※ 책값은 뒤표지에 있습니다. 잘못된 책은 구입하신 서점에서 바꿔 드립니다.
※ 추수밭은 청림출판(주)의 인문 분야 브랜드입니다.